我的青春我的梦
全国中学生校园美文精品集萃丛书

往昔岁月，同学正少年

在自己的位置上优秀

《作文与考试》杂志社 选编

时代文艺出版社

图书在版编目（CIP）数据

在自己的位置上优秀 /《作文与考试》杂志社选编. —长春：时代文艺出版社，2018.8（2023.6重印）

（"我的青春我的梦"全国中学生校园美文精品集萃丛书）

ISBN 978-7-5387-5703-3

Ⅰ.①在… Ⅱ.①作… Ⅲ.①作文－中学－选集 Ⅳ.①H194.5

中国版本图书馆CIP数据核字（2018）第004365号

出 品 人　陈　琛
产品总监　郭力家
责任编辑　李荣崟
装帧设计　李　斌
排版制作　隋淑凤

本书著作权、版式和装帧设计受国际版权公约和中华人民共和国著作权法保护
本书所有文字、图片和示意图等专有使用权为时代文艺出版社所有
未事先获得时代文艺出版社许可
本书的任何部分不得以图表、电子、影印、缩拍、录音和其他任何手段
进行复制和转载，违者必究

在自己的位置上优秀

《作文与考试》杂志社　选编

出版发行 / 时代文艺出版社
地址 / 长春市福祉大路5788号　龙腾国际大厦A座15层　邮编 / 130118
总编办 / 0431-81629751　发行部 / 0431-81629758
官方微博　weibo.com / tlapress
印刷 / 北京一鑫印务有限责任公司
开本 / 700mm×980mm　1 / 16　字数 / 153千字　印张 / 11
版次 / 2018年8月第1版　印次 / 2023年6月第5次印刷　定价 / 34.80元

图书如有印装错误　请寄回印厂调换

编 委 会

编委会主任：刘翠玲　夏野虹　高　亮
编　　　委：钟　平　彭　宇　张　引
　　　　　　于智博　高明燕　苗　与
　　　　　　李　跃　关晓星　那继永
　　　　　　沈　洋　隋元明

目 录

今年十七岁

今年十七岁 .... 潘力萌 / 002

归去何太急 .... 焦 茜 / 004

友谊是首歌 .... 许唐磊 / 006

琥珀 .... 张馨予 / 008

生活，一道难解的题 .... 林美辰 / 010

一边是冰山，一边是火焰 .... 王 晗 / 012

我们何时不再互害？ .... 王舒华 / 014

唯有"新"，方能"兴" .... 贺冯源 / 016

善意不应被"试探" .... 卓 宁 / 018

适度关爱，和谐长存 .... 熊璐瑶 / 020

莫将分数功利化 .... 张 芸 / 021

如此乡愁 .... 曹津瑞 / 023

雪 .... 冯化雨 / 025

雨之三态 .... 段丁姗 / 027

无风絮自飞

长风破浪会有时 ……… 张晨西 / 030

让那朵花开在那里吧 ……… 曹宋琪 / 032

你需要活在某种文明之中 ……… 曾雁鹏 / 034

心灵无瑕疵，境界不染尘 ……… 胡宇琛 / 036

在黑暗中起舞 ……… 彭　飞 / 038

手心向上是接受，向下是争取 ……… 郑涵月 / 040

心有猛虎，细嗅蔷薇 ……… 杨明远 / 042

无风絮自飞 ……… 唐晓芙 / 044

重视 ……… 何雅慧 / 046

在自己的位置上优秀 ……… 王齐圣 / 048

差别化待遇 ……… 刘　宇 / 050

因材施教育英才 ……… 黄小蕾 / 052

看似无用　实则助你前行 ……… 李　想 / 054

咀嚼生活的墨雅书香 ……… 许　柳 / 056

用喜欢展示能力的极致 ……… 李昱璇 / 058

觅一缕花香 ……… 陈　达 / 060

亮剑无声处 ……… 王子怡 / 062

铭记翻山越岭的理由 ……… 刘怡晨 / 064

有所畏，才能无畏

从失衡到平衡 ……… 唐烨辉 / 068

回归公民本色 ……… 丁梦婷 / 070

思考是行为的种子 ……… 黄　睿 / 072

文明之悲 ……… 王奕婷 / 074

主宰命运 ……… 徐　森 / 076

责任之花，开在修身枝头 ……… 孙琪淇 / 078

无非求碗热汤 ……… 盛一隽 / 080

寻找匹配的"引擎" ……… 牛　丹 / 082

怀旧派也应向前看 ……… 李　倍 / 084

只为最后一击响彻云霄 ……… 陈　天 / 086

打破界限 ……… 姜　颖 / 088

有所畏，才能无畏 ……… 王嘉红 / 090

在传承中创新 ……… 陈　明 / 092

点赞，不能代替思考 ……… 王　雯 / 094

落魄的美丽 ……… 钟秀远 / 096

君子何为 ……… 李为知 / 098

成为你自己 ……… 卢　玥 / 100

找到适合自己的"树枝" ……… 刘　达 / 102

一场戏，一个角色

任尔东南西北风 ……… 丁庆一 / 106

唐诗过后是宋词 ……… 袁　野 / 108

"老腔"，何以令人震撼？……… 潘文月 / 110

东风夜放花千树 ……… 李　彦 / 112

不深不浅种荷花 ……… 匡　悦 / 114

享文化之繁华 ……… 田梦涵 / 116

汉语文化也需与时俱进 ……… 徐珊珊 / 118

享一程浮生的盛宴 ……… 孙梓涵 / 120

少数与多数 ……… 王雪恺 / 122

大道至简 .... 晏　莉 / 124

生在墙内与活在墙外 .... 蔡益书 / 126

平凡的世界 .... 李　宁 / 128

挡不住的，是信念 .... 黄泽辉 / 131

时光浅行，你却不再 .... 岳　阳 / 133

献给城市的爱情诗 .... 邢逸旻 / 135

一场戏，一个角色 .... 项林瑶 / 137

《变形记》中的孤独 .... 钱瑞之 / 139

荒野上的人 .... 陈佳睿 / 141

那生长在路边的草啊 .... 曾凡珂 / 143

莺忆芳菲天

不活在别人的眼光里 .... 吴　浩 / 146

你需要生活在某种文明之中 .... 李家吉 / 148

睁开眼看人生 .... 付应铎 / 150

笑看花开花落 .... 王　枭 / 152

断舍离 .... 曾　涵 / 154

寻找你的波澜壮阔 .... 张婷婷 / 156

没有人是一座孤岛 .... 萧云天 / 158

勿忘初心，方得始终 .... 宋闻峰 / 160

历尽云烟后归真 .... 叶振标 / 162

子在川上曰 .... 陆楚颖 / 164

熟悉的地方最是风景 .... 贺一彬 / 166

今年十七岁

有时候想得太多，就会像冷掉的面条纠结在一起，疙瘩在心里无法排解，凉冰冰、黏答答，让我觉得很不舒服。很偶然想起来的一句话，却让它瞬间被粉碎、溶解，随着眼泪风干在暮色里。我想，那朵健忘的花在被现实踩躏过之后，也许已经找到了成长的肥料，正努力地试探着前方的土壤是湿是咸。

今年十七岁

潘力萌

我今年十七岁,在小镇的马路上唱了五年的歌——不,这可不是卖唱。是在风里,在摩托车的后座上,在小镇日渐枯萎的空气里,自由自在地唱了五年的歌。不必逢迎谁的爱好,也不必担心会有人朝我嘘声,唯一要担心的是别人的侧目。我一直隐藏得很好,没有人知道他所生活的小镇上有这么一个喜欢在马路上唱歌的女孩子。唯一的一次,因为耳朵里塞了新买的耳机,在混合了松涛的风声中听不清自己的声音,结果声音放得太大了,在俯冲下小镇双桥之一时看见有个年轻男子向我侧过了头。我很确定他是听见了我的歌声才看向我的,因为他的眼神里有一点儿灰色的失望与惊讶。我笑着,转过了头,在妈妈的肩窝里找了个舒服的位置靠了下去。虽然我不是很介意别人这么看我,但之后我还是坚决地摘下了耳机,回到之前自然却舒适的状态,那副戴起来很不舒服的小东西就被我归到了"崇山峻岭"的灰堆中。

暂时把郁结封印起来,田野中为风倾倒的植物们带着纯真茫然的眼神看我从它们面前一掠而过,头发上不断积累起缭乱的浮尘,我抚了抚快要含到嘴里的一缕发丝,几乎是无意识地叹着气,过了一会儿,微闭上眼开始哼了起来。歌声慢慢从无词到清晰,这就说明我的状态正在慢慢恢复,慢慢恢复的意思,就是心情越来越好。直至最高亢的那一句时,我突然感到一阵疲惫的无趣,失去了继续唱的勇气而草草跳过了它——这是从前所没发生过的事。我虽不专业,但很敬业,如果要我敷衍了事还不如不唱，免得自己对自己生气。

我今年十七岁，唱了五年的歌，第一次半途而废。

那阵疲惫的无趣的来源，是因为想起了一句话，一句差点儿被我忘得干干净净的很久以前的话。

我还在镇里上中学的时候，我们的音乐老师，一个我隐隐约约记得相貌却忘记了名字的女老师——其实从前的人和事在我的记忆中大多是这样的下场，更何况是对于学业可有可无的音乐老师呢——对我说："你的声音，包装一下不会差的。"

在一朵花苞还只是米粒大小时对它送上甜美的祝福语，也许并不能说明祝福者的有心无意是多么高尚；对花来说，却比阳光雨露更能让它汲取到成长的力量，让它的根须朝远处荆棘盘踞的土壤延伸。然而花却忘了这句话，忘了成长的动力。

光线渐渐被稀释的世界看起来是那么凉薄，像是荒烟蔓草的颓垣废墟。我一直大睁着的眼睛泛上酸意，闭上倔强的眼睑，突然松弛下来的眼眶却变得更加酸痛，我只好假装感冒时的咳嗽，把鼻子里缓缓流动的泪水擤掉。有时候，人们常常觉得鼻子里流出的涕液很恶心，殊不知，只有哭的人才晓得，那是眼中泪水泛滥无处可溢时的结果。

想法和真正的现实不统一的时候，人们更愿意当一个置身事外的看客，看客有天生的残忍和冰冷，不是身临其境，任何人都无法体味，更不用说做出公正的评判了。我活了十七年，犯了很多次这样的错误，却总是不长记性。其实很多很多人都正在犯着这样的错误，对社会的黑暗、人生的苦难，年轻人们常常不屑，等到真正遭遇，又交织在后悔与惭愧中。

我活了十七年，心里时常胡思乱想，有时候想得太多，就会像冷掉的面条纠结在一起，疙瘩在心里无法排解，凉冰冰、黏答答，让我觉得很不舒服。很偶然想起来的一句话，却让它瞬间被粉碎、溶解，随着眼泪风干在暮色里。我想，那朵健忘的花在被现实踩踏过之后，也许已经找到了成长的肥料，正努力地试探着前方的土壤是湿是咸。

在试探吗？我渐渐地有了笑意，仿佛世界一下子充满了新鲜的血液。

归去何太急

焦茜

提及青少年，总让人联想到五月的花海、初升的太阳。这是一个透露着生机的年龄，这是一群用青春拥抱时代的人。他们是民族的希望，他们是国家的财富，然而，这笔财富却常常在不经意间流失。据统计，我国青少年自杀现象一直呈上升趋势且低龄化严重，这已成为我们不得不面对的问题。

想起那一朵朵还未绽放就夭折在蓓蕾时期的花儿们，我们痛心而疑惑：生活如此美好，轻生的孩子们归去何太急啊！

如果是因为生活艰难、家庭不幸而放弃生命，那么轻生的青少年啊，要知道承受艰难是人生的必修课。我们不得不承认，人生难得一帆风顺，不如意事十之八九。也许你们承受艰难太早，也许你们面对变故太突然，但请学会用平常心面对不平常事。苦难将磨炼你的性格，造就你的成功，请不要归去太急！

如果是因为你的性格难以让周围的世界容纳而屡屡碰壁、遭受冷落，那么轻生的青少年啊，要知道改变自己，改变生活，才是人生的主题。你也许孤僻，但可以给社会带去冷静，同时自己也更开朗；你也许高傲，但可以给社会带去自信和自尊，同时自己也更谦和并虚心……你无法改变别人，但可以改变自己，改变自己的生活。不要学林黛玉的含泪而亡，不要学海子的卧轨自杀，属于你的世界总是晴空多于阴霾，请不要归去太急！

如果是因为你感到前途渺茫压力太大而放弃生命，那么轻生的青少年啊，要知道那些和你们有着同样感受的人更多的还在享受生活的快乐。我们不可能预知未来，也请不要预知未来，对前途的未知也是生活的快乐。林肯出生在鞋匠家庭，未受过正式教育却成了伟大的总统；海伦·凯勒双目失明，双耳失聪，最终却成了颇具影响力的人物。多少人在少年时代也曾彷徨，但坚持着走过这段黑暗，终于看到明媚的阳光。因此，过好你已知的每一天、每一分、每一秒，做好你已着手的每一件事，请不要归去太急！

归去何太急，承受艰难是人生的必修课；何去何太急，改变生活是人生的主题；归去何太急，做好现在的自己就可以。年华正好的青少年啊，请不要归去太急！

友谊是首歌

许唐磊

纳兰容若曾赠言给挚友:"人生若只如初见,何事秋风悲画扇。等闲变却故人心,却道故人心易变。"但我们之间倘若真的只如初见,那么那些琐碎的记忆就不会被谱成一首专属我们的歌。

蔡康永说过:"青春是最奢侈的奢侈品,因为拥有它的人根本不在乎它。"我很高兴能在青春岁月里遇见一个你,你是那种丝毫不会在乎别人眼光的人,别人认为你好也好,不好也罢,你只要做自己,而这也正是我所缺少的,这也许就是我们友谊的基调吧。

你喜欢许嵩的那句——在那不遥远的地方,埋着你的梦想,散发出微小的光芒。

你的梦想是当一个画家,那种背着画夹走遍世界并将世界记录在你画纸上的画家。你的家人坚决反对,你便把吃早饭的钱攒起来买颜料,最后得了胃溃疡。我问你:"这样值得吗?"你坐在病床上,四周的白色把你的脸衬得更白,你没有多说话,只是轻轻地"嗯"了一声。从你坚定的眼神里我也明白了。

梦想于你是一种信仰。人这辈子终究要有一个梦想,那是前进的动力。等到若干年后,回忆起这段为梦想而努力的日子也会粲然一笑,问心无愧。追逐自己梦想的你请相信,在那不遥远的地方,有我为你鼓掌。

我的抗击打能力没你强,我会哭。不过,我只会在没人的地方偷偷哭。这时的你会陪着我，仍不会多说话，只是陪我走着，抑或是把你的肩膀借我靠。你说："因为安慰是没有用的，伤害了，就是伤害了，必须自己想明白。"我知道，这，也是一种爱。

在路上我们可以不顾形象地放肆地大笑，任由夕阳拉长我们的身影，而现在的余晖酿开的又是谁的笑颜？那斑驳的围墙见证了我们的成长，那方窄窄的屋檐下有我们一起躲过雨的记忆⋯⋯

泰戈尔说："世界以痛吻我，要我回报以歌。"原来我一直忘记拾起的，是你笑靥里的那一首歌。

琥　珀

张馨予

世界就这样在脚下生了光。

这个夏天，时光太窄，指缝太宽，回忆注定流失在眼中的彼岸。

泡沫是零星的句点，被用来向过去告别。深海蔚蓝诡异的暗夜，白色苍月，我点燃一盏孔明灯直上，如重生的使者，燃烧着忠诚与虔诚。这惊天动地的时刻，有些东西难以隐藏。

我是神无之海，万年前是苦守的桑田，万年后是携带微光的玻璃。星光是坠落的琥珀。面前这片海，看起来真像是世界毁灭之前的样子。

辛辣微咸的海风吹走你的灵魂，再次提醒我，你已然身在天堂。深夜里惊醒，擦干额际冰凉的汗水。一杯热咖啡与我执笔写下的日子。窗外的空气静得有些隐忍。一个又一个深夜，相同的梦境像最深的梦魇流过梦中黑色的海面，心里汹涌而来的疼痛让我难以自持。最后在冰凉的泪水中石沉大海。

漫天游荡的星光是自你船桨上滑落的句点，我一个人继续向前。你曾说陪我看海，如今哪怕一个人也想走到海边，完成你的遗愿。记忆被掏空了声响，转身的瞬间，炫光打磨时光的刻度在凋零的歌声中冷却了最后一丝温存，以为闭上眼可以遗忘整个世界，然而却大意了我们已然各自天涯。恍若冰封的凉意侵心入骨，浸透了后背睡衣的每一根纤维，发觉原来最思念的还是你。你这样活在我的想象之中，一日比一日依恋更深，似流云被梦惊散的结局。

　　一片荒芜的海，气流被席卷而来的暗潮裹挟着，光线缠绕全身，那些僵住的笑容凝固在相片里如同飞虫死困琥珀。你的身影虚拟出另一个平行时空，麻痹了现实的时间，在光影中拥抱着孤寂行迹万年。保持最初的璀璨延伸至放空的神秘领域。消失后与融成血色的黎明作别。我纵身跳下，坠落于黑暗的废墟。

　　回忆，只如海上漂泊的瓶。

　　带走眷恋带走牵挂，冲刷过海滩上遗留的落日余温，雨盘旋在天空如泪水盈满眼眶，一路风景一路的话都还没来得及重演，那些困在梦里掩盖在纸浆上的时间，悄悄死在海里。

　　我独自走上旅途，火车鸣笛如一串断想。

　　最后一程，穿过沧海堤岸，在海边绝望的歌唱。又一场天光，仰头再望，原来闪闪发亮的星是你曾微笑的黑色眼眸，而我终于发现暖春盛夏有如花朵软绵绵，开在脚边。

　　我还在等，做一个又一个日升月沉的梦，固执不肯离开。

　　虽然明知并不是所有事物都有答案，却依然义无反顾地向前奔跑，寻找想要的答案。也会明知无力改变也要不自量力地横冲直撞，哪怕头破血流也在所不惜，像笼中的困兽拼尽全力冲撞桎梏。这样束手无策坐以待毙，不同的是，从一开始我便知晓这梦中的牢是我为自己画的。

　　等待是绵长的暗河，涌动向前。流年开始模糊青春的模样，等你不来。

　　笑容洒落在背后，却有落日盛放在面前，天与地的罅隙间我追逐自己的影子用力奔跑，沉默在白纸上画出银灰色的阴影。

　　——为祭奠写下的结局。一度以为是悲剧，多谢你我最终相逢在世界某个端点；四季更迭，多谢青春的脚步始终铿锵，将旅途点缀成欢喜的微光。

生活，一道难解的题

林菱辰

不知是自己浅薄，还是自己偏要难为自己，当我一迈进学校的大门并以青春的名义去解释面前一切的时候，竟也蓦然生出许多惶惑与不安。

这个时候，我常常给自己出题，不是为了解惑，而是想更多地在生活的挑战和感悟中充实自我，超越自我。

如果一道题可以解决，它不算是个难题；如果一道题无法解决，也不算是个难题。那就找个预先不知道自己能解决的，而客观上能解决的问题来想吧。看晨阳夕照，观烟云璧月，纷繁复杂的生活，更是一道难解的题。

人生是一个奇数，正因为它有除不尽的地方，才有风流韵律，如果生活中没有矛盾，没有不合理的地方，那我们生存的意义何在？

生活的美丽，不是街上流行的名牌时装；生活的旋律，不是吉他弹奏的缠绵忧伤；生活的快乐，不是车轮旋转的郊游飞扬。走进高中，我们极容易地把自己的外表装饰成一个现代青年，只是衣着的标签和品牌所透出的点点文化味，最终也掩饰不了对自己生活的少有的心浮与茫然。

我们的年龄，是美丽地开放着微笑花的年龄；是积极向上，为理想而不懈努力执着打拼的年龄。不甘平庸，是年轻的宣言；有棱有角，是年轻的风貌。我们可以谅解正视所有的失败，却不可以原谅我们自己的懦弱与无能。

或许是命运的不幸注定要将自己缤纷多彩的梦撞碎，或许是天地的无情要将自己夜以继日的辛劳当作泡影放飞。是的，生活是一道难题，如何去解，每个人心中都有着不同的诠释，每个人都在以独特的眼光放眼世界。我们把高中绚美的生活，把青春当作一种资本，用挥霍生命来昭示她的存在；用夸夸其谈来昭示她的魅力；用我行我素来证明她的洒脱。那么，我们得到的，是光阴的流逝，容颜的衰老，学识的无知，生命的失意；我们找寻到的，是一种无法挽回的人生失误。

生活不会永远像春晨的阳光那样温馨净朗；不会像无风的碧空中飞翔的和平鸽那样舒适安逸。断章片语的浮华炫耀，是我们的幼稚，而不是学习的诠释；黯然失意的野马脱缰般的放浪形骸，是我们的偏执，而不是生活的洒脱。在内心深处，似乎有一间记录的密室，它接受的是美丽，希望，欢愉和勇气。

生活是一道难解的题，它从不掩饰自己，不管你愿不愿意，自觉不自觉它都使你陷进去叫你认识它，叫你尝尝它的滋味。或许是有了这种滋味，我才以自我的方式品尝高中之旅的妙趣。

抖落世俗的纤尘，为生活找寻正确的答案，让青春陶然于生命的恢宏与超然。

一边是冰山，一边是火焰

王　晗

一边是爱孙之深，让座给已经长大的自己的孙子；一边是责人之切，苛责不给自己让座的他人的孩子；一边是炽烈的溺爱火焰，一边是寒冷的无情冰山。差别如此之大，却又是为了哪般？

究其实质，是内外有别的"双重标准"，是只用道德约束别人而不约束自己的狭隘自私，是感情亲疏蒙蔽了理智！张蕴古有云："大明无私照，至公无私亲。"人心公则如烛，四方上下，无所不照，真正的公平者不会偏爱自己的亲人。千年前的先贤曾教导我们，"老吾老以及人之老，幼吾幼以及人之幼"，疼爱自己的孩子也应该推广到疼爱别人的孩子。

唯贤唯德，能服于人。爱人者人恒爱之，敬人者人恒敬之。若想得到别人的尊敬与爱戴，也要以德服人，以爱换取爱，以敬回报敬。为什么我们感怀冰心老人？为什么我们一遍遍吟咏"爱在左，情在右，走在生命的两旁，随时播种，随时开花……"冰心老人试图用爱来调和一切矛盾，消解一切痛苦，这就是她爱的哲学。为什么我们铭记白芳礼老人？他用破旧的三轮车踏出了中国人的博爱与无私，他用自己瘦弱的脊梁挑起了别人家儿孙的希望。这样的老人，值得我们尊敬，值得我们铭记！他们的心中有自己的儿孙，更有别人的儿孙！而苛责让座的老人，其身不正，故而其愿难行。

真爱晚辈，严格律之。"古之君子，其责己也重以周，其待人也轻以约"，切莫只用道德约束别人而不约束自己，正人先正己行，责人先思己过。古有《颜氏家训》，今有《傅雷家书》，他们苦心孤诣、呕心沥血的教子篇启示我们教育自己的儿孙是多么的重要！

诚然，老人的做法有失公允，老人的自私自利毋庸置疑，但女大学生的做法也失之偏颇。尘世相逢，同乘一车，面对老者，何必以眼还眼以牙还牙？何必斤斤计较降低道德的标准？为何不犯而不校？为何不以德报怨？用一个高境界高姿态让座于老人，岂不是深了笑容，浅了烦恼？岂不是活得更为大气，更为崇高？

面对这场让座风波，我想说：真正的大爱，是不偏私，内外相同；真正的美德，是严以律己，宽以待人；真正的高境界，是不较得失，心灵澄澈！

我们何时不再互害?

王舒华

当人们惊愕而沉痛地发现:无数互相伤害的环,已连成了错综复杂的链条时,已没有人可以安心地置身事外。而要打破这条黑暗的链,需要每一个觉醒的个体主动挣脱,拒绝成为恶的一环。唯如此,我们才能重建善的循环,远离互害。

肖锋曾写道:"提防和质疑成为我们现在的基本关系。如今,冷漠社会解构了邻里乡情,大院生活成为好的怀旧题材。"消费社会无疑拉开了人与人之间的距离,以致人们常常忘记,自己面对的是活的生命,而不是死的"它"。种毒大米的人不会给自己家人吃毒大米,产"甲醛衣"的人也不会穿"甲醛衣"。为害者并非已忘记人间亲情、忘记人性,只是他们眼光太短浅,人情又太浅薄,加之环顾四周,伤害已成一个心照不宣的秘密,谁又要拒绝眼前的利呢?

事实上,我们不难看清,这样的利只是小利,挣得再多,也只能给本已阴暗错综的锁链增加铁锈,最终有损于社会、个人,当然,也会成为受害者。如果为害者也认清了这一点,将眼光放长远一些,他就不会这么做。被誉为台湾"经营之王"的王永庆坚持客户至上。最初创业时他开了家米店,并将每位客户的信息建档。如果顾客对米的质量提出质疑,他马上追根溯源,一定要达到顾客满意为止。正是这样的精神,助他赚得第一桶金并最终成就了台塑集团。他的经历与当今的一些经营者形成了鲜明对比。试想,若是每个生产经营者都能看清诚信的力量,坚持客户至上的理念，他们定能获得长久且丰厚的回报。当互害损人不利己，而互爱能带来利益时，没人会选择前者。

然而，仅仅靠物质的力量，还不足以拯救这个互害型社会。诚信、人性，应是每个生产、经营者内心的坚定和立业的根基。我们的互相伤害，从某种意义上说是深重的道德问题。我们需要每一个个体的觉醒，少一些熟视无睹或同流合污，少一些事不关己、高高挂起，少一些受害者和报复心理。我们应时刻谨记，身边的每个人、远方的每个人都是和自己一样的生命，我们唯有像对待亲人一样对待他人，才能还社会以人情之暖。

"勿以善小而不为，勿以恶小而为之。"古训如是说。若真能做到，何愁社会沉沦？当道德追上了物质的脚步，当我们由内而外地爱人守信，当我们从自己做起，毅然，跳脱受害与为害的怪圈，我们终可以呐喊："再见，互害！"

唯有"新",方能"兴"

贺冯源

2016年2月,一部关于故宫的纪录片火遍网络。而从纪录片的制作来看,融生活气息和文化韵味为一体,体现了一种创新意识。

由此可见,纪录片成为网络"爆款"的新闻也就不足为奇了。这部纪录片除了片中展现了难得一见的隋代展子虔的《游春图》、宋代张择端的《清明上河图》等价值连城的国宝外,更为吸引人的就是文物背后那群"修文物的人",记录了他们的手艺与生活。钟表专家王津、陶瓷专家王五胜、字画专家张旭光……他们让观众收获了一份份感动。相较于13年前总计12集的纪录片《故宫》,这部3集的纪录片连名字都显得有些萌,这种创意着实令人称赞。

创新,无疑是解决问题的良方。四川攀枝花出现了高萌交通标语:开车加特技,汽车就会Duang。从这些萌萌的标语中,我们更应该关注的是在面对纷繁复杂的交通环境,政府部门能突破常规,偶尔"卖萌",在拉近政府和群众的距离的同时也无形之中让群众更容易接受官方的这些提醒和提示,让人印象深刻,这其中的大胆创意着实让人称奇。从四川交警大胆的尝试中,可以看出政府部门对于创新的重视。我们,亟须具备创新精神。

当代中国,缺少的不只是"青春版故宫纪录片""高萌的标语"这样的创新,更加缺乏去推广这类创新的人。从目前中国发展的大背景下来看,传统的应试教育难以培养出创新型人才,中国人保守的思想观念难以使创新型产品在市场中生存，中国也由此沦为了世界工厂，并被扣上了"山寨大国"的帽子。一味模仿他国的技术和产品终究不是问题的解决之道，不想故步自封，中国还得具备自主创新精神。

新版故宫纪录片，尊重创新，重视创新。走在创新之路上的中国，更需具备这种精神。

善意不应被"试探"

卓 宁

报载：由某省文明办等单位主办的"都市文明有礼·凤凰与善同行"大型社会公益活动走上街头，以一个刻意的"摔倒"，抓拍市民面对此突发情况的反应。多台摄像机、相机在隐蔽的位置进行抓拍。每次抓拍到第一个帮助别人的人，主办方就会现场送出一辆汽车大奖。

此举一出，热议四起。究竟是为了唤起人们的道德勇气、行善力量，还是变了味的"真人秀"，旨在将节目炒热，不得而知。但不管出于何种目的，一个原则应该恪守：善意不应被"试探"。

"扶"，还是不扶，自南京的"彭宇案"出现后，迅速酿成一个恶性的社会效应——为求自保，见伤（死）不救，几乎成为全民的自觉选择。在这样的背景下，这样的社会公益活动，确也能在一定程度上起到拷问良心的作用——无恻隐之心，无是非之心，何以为人？但显然，此举也有隐患——善意而为，觉得受欺骗者有之；袖手旁观，以之为谈资，无聊消费者有之。试问，这些隐患夹杂在善意之中，主办方可曾顾及？

善意乃一个人悲悯之心的体现，属于道德良知的自觉反应，与金钱无涉。靠重奖诱发善意、善举，很可能引发更为强烈的牟利欲望，导致投机、伪善的肆意蔓延。一旦利益中断，又会自私、冷酷如故，甚至变本加厉。这种走过场的做法，与医学上的治标不治本，又有何本质的区别呢？

善意不应被故意试探，还基于每一个人的基本权益。引导他人行善，利己利人；诱使或强制他人行善，则有失偏颇。因为行善是基于高尚灵魂的主动关怀，而非实利刺激下的被动实践。更何况，经相机抓拍、媒体曝光后，不行善的人便会受到道德的炮轰，"疾之甚，祸且作"，对故意设套的相关部门有可能从此滋生怀疑或憎恶的态度，进而加剧公信力的下降，这还是每一个有良知的人希望看到的现象吗？

或有人言："如果不通过这种活动，倒地之人无人愿扶，当如何？"诚然，当今社会仍存在许多这样的现象。小品《扶不扶》为什么能火，就因为它揭示了一个社会性的心理病症，耐人思索。但是，通过此举就能扬善么？我以为将汽车与善意挂钩的做法也不会长久。一是这些部门没这个精力，二是有精力，也没有这个财力。更何况，一旦接着做下去，马上便会出现伪善的专业挣钱大军，政府更吃不消。如何从根子上解决问题？只有在大力弘扬道德文明的同时，加大法制管理的力度。还善者以公正，给恶者以严惩。如此，恩将仇报、碰瓷敲诈等社会恶习便会渐渐收敛，而行善者则会更加坦然地行善，一个风清气正的社会便会随之形成。

说到底，试探是信任濒临危机的表现，也是政府不自信的表现。泱泱中华，礼仪之邦，不从道德、法制上激浊扬清，却要施以巨大的物质诱惑，幸耶？悲耶？

适度关爱，和谐长存

熊璐瑶

近日，华东交通大学新增加的《学生行为规范条例》引发一阵轩然大波，其中"让女生走在马路内侧""为女生拧松饮料瓶盖""走路避开女生背包的一侧"，格外受关注。然而，关爱女性是社会中的好风气，但关爱的方式、程度却是一个值得深思的问题。

自古以来，男尊女卑的思想腐蚀人心，男人高高在上，女人则毫无地位可言。华东交大关爱女性的初衷是值得肯定的，这种做法正是社会进步的体现，标志着女性在社会上的地位逐步提高。

关爱女性固然可取，但"让女生走在马路内侧""为女生拧松饮料瓶盖"……未免也太过矫情。女性是柔弱的象征，但其骨子里也未必没有刚强果敢的一面。比如"铁娘子"撒切尔夫人，她以女子柔弱的身躯叱咤英国政坛，行事勇敢、果断，带领英国在与苏联的"冷战"与阿根廷的"热战"中均取得了胜利；在经济低迷期，她带领全英国人民冲出低谷，重站巅峰。她的一生是充满光环的，是女性中杰出的代表。

再如《东方时空》的前主持人柴静，在最开始入驻《东方时空》的时候遭尽冷嘲热讽，但她并没有退缩，以女子的柔弱之姿在职场中默默打拼，她心存善良与正义，以一名记者的身份去发现、揭露生活中的假丑恶，还原生活的真相，为社会做出自己的贡献。她似一株蒲公英，随风吹拂，顽强生长，在淡漠的岁月里，惊艳了时光。

在社会中，女性与男性的平等首先是权利的平等。我们应当用适当的方法来关爱女性，而不是闹出一些看似"体现关爱"的笑话来看轻女性的价值。适度关爱女性，和谐之风长存。

莫将分数功利化

张 芸

在当今社会，分数功利化的现象日益严重，不少家长对孩子要求极严，得不到满分便拳脚相加；而有的家长则"及格万岁"，认为只要及格便是好的。不管外界看法如何，我认为这两种做法均不可取，因为这均是将分数功利化的行为。

近年来，"虎妈狼爸"层出不穷，因其用严厉的教育方式将子女"打"进名校而出名，并赢得人们的争相热捧。在这种大趋势下，我只想问一句——这样做真的对吗？先不论这种"高压"教育对孩子幼小的心灵会造成何种影响，从社会进程上来看，现在早已不是"万般皆下品，唯有读书高"的时代。三百六十行，行行出状元，对读书不好的学生岂能一棒子打死？

莫将分数功利化，分数虽重要，但也不是唯一，其他方面的能力也尤为重要。十年前的神童退学事件留下的一地鸡毛仍历历在目，从小的"两耳不闻窗外事，一心只读圣贤书"换来了什么？换来的只是因生活无法自理而被中科院退学的通知，这样的分数至上，这样的本末倒置，是不是可以停止了呢？！

其实，不少家长都明白，一百分和九十八分并没有多大差距，他们只是忍不下这攀比之心，更何况分数不是一切，你又能肯定地说考满分的孩子一定比别的孩子能力强吗？既然不能肯定，那为什么要将孩子们宝贵的时间浪费在多得的那一两分上呢？为何不将这时间花在培养他们的综合能力上呢？社会需要的并不是"高分低能的书呆子"，而是全面发展的综合人才。

达尔文小时候成绩并不出众，而且还喜欢在课余时间观察小动物和昆虫，若将他放在现在，恐怕不少人都会认为他"不务正业"，但正是这份"不务正业"才结束了"神学"数千年的统治，才有了我们今天的"进化论"。是的，无法否认，我们学生的主要任务是学习，但绝对不是只有"学习"。

内地首富马云也并不是名校毕业生，但这并不妨碍他在电子商务界呼风唤雨。由此可见，学习成绩并不能代表一切。

是的，无法否认，一个优秀的成绩或多或少会对你的未来有所助益，但为了这个苍白的理由而牺牲孩子的童年、扼杀他们的梦想未免太残忍了一些。

一百分也好，九十多分也罢，甚至刚及格也无妨，莫将分数功利化，因为分数不能代表一切。

如此乡愁

曹津瑞

世界上最远的距离,不是从北京到西雅图,而是站在乡愁的门口,却找不到回家的路。

"露从今夜白,月是故乡明。"毫无疑问,故乡是一个人的思想依赖和精神寄托。在古时战乱的年代,"寄书长不达"是因为"况乃未休兵"。而现在,家书不知寄往何处恐怕不再是因为战乱,而是因地名的随意更改,让人们找不到自己的故乡。

1994年,湖北将荆州和沙市合并为地级市,改名为"荆沙市"。一篇名为《可惜从此失荆州》的文章发表后,在社会上引起了巨大轰动。两年后,湖北省政府颁布通知,宣布撤销"荆沙"名称,恢复了荆州地名。对于一些地方来说,地名绝不仅仅是一个普通的代号,更是一种古典文化的传承。

遭遇了改名风波的城市,不只有荆州一个。与它有相同经历的还有被改名为黄山的徽州市,一个"徽"字,有着极为丰富的历史文化含量。它不只是一个单纯的地理概念,而是已成为世人瞩目的区域文化的代表。徽派建筑、徽商、徽墨,都证明徽州市连接现代文明与传统文化的不可缺少的一环。

而黄山这个地名,仅从发展旅游经济的角度利用了黄山的知名度。距离黄山景区最近也要七十多公里的黄山市,实际上既代表不了徽州,也代表不了黄山。丧失了深厚的历史背景和文化内涵,旅游也无法真正发展起来。

地名的更改绝非儿戏，它不是简简单单一个名字的变化。只有尊重历史文化的延续，才是一种最好的选择，既是对文化的保护，又尊重了爱家乡念家乡的人们。

一个地名，就是一段历史碎片；一个地名，就是一幅风情画卷。看似杂乱无章的地名，其实蕴含着众多的逸闻趣事，更承载着城市的人文底蕴。说到这里，想起了我家楼下陪伴三代人的石墩。物业曾经提出把石墩拆掉，可是业主坚决反对，因为石墩虽小，但它不仅承载着对往事的回忆，更是一个家庭的传承，它见证了我们的成长。

地名之于世世代代的居民，与石墩之于我们家相比的重要性必然是有过之而无不及。因此政府机关若有更改地名的想法一定要再三斟酌，权衡利弊，尽可能保留地名中的文化。

保护地名，也许就是保护我们自己的文化。

雪

冯化雨

我与这纷扬的雪阔别，已有六年多。

那还是在北方的日子。青海的冬天是极冷的，入了腊月，雪便或大或小地飘起来。外婆家的院子里有一棵樱桃树，树上覆了一层厚厚的雪，白压压的，长长的冰凌顺着树枝挂在冬日里还透着些许翠色的枝叶上，风一吹便"丁零零"掉下来，砸在树下雪人的帽子上，碎成几截。伙伴们拍着粘满白雪的手，肆无忌惮地笑着——但又不敢太大声，似乎树叶一摇，雪就会哗啦啦地散上一地，化在还未冻结实的薄冰上。清晨的小院颇寂静，只听见雪簌簌地落着，伙伴们早早地就出来了，穿着厚厚的棉衣，带着暖暖的手套，弯腰捧一团雪，堆雪人、打雪仗，轻盈而欢乐的笑声就在小院里散开来，打着旋儿蹿到天上。鸟儿也笑个不停，叽喳地在头顶聒噪着。蓝天被雪染白了，大地也被雪染白了，我不由惊叹起雪的匠心独运：白茫茫的大地望着光灿灿的天，雪自天上飘下来，被大地接住，厚厚的一层。地与天默默地对望，雪也缄默了，悄无声息，玉洁冰清地沉睡在银装素裹的天地间，很是曼妙，似还有些温柔。

这就是北方的雪。北方的广阔，北方人的朴实与豪迈，都幻化为一片片洁白的雪花，融进这纷扬的大雪里。这雪于是便丰盈起来，而它又不夹杂些尘渣，宛如碧玉一般洁净。

我离开青海时，正值隆冬。那天雪下得很大，似乎要把眼前关于北方的印象都遮住，只剩下雪。我坐在车厢里，耳中充盈着柔和的音乐，窗外是连绵的雪。列车一路向南，一入陕西雪便小了，睡一觉醒来，就再找不见雪的影子。

南方的冬天没有雪。

我开始了在水乡的生活，慢慢适应这里的一切。江南多雨，一下起来就收不住。我常想：雨和雪本有着一样的灵魂，雨献给江南，雪送给北方。春夏秋冬，周而复始，它们的精魂徜徉在天地间，流淌在田野里，滋润着大地万物。对于拥有一段关于北方的记忆，我至感荣幸。记忆中，有豪迈的雪，是"雪落板桥，鸡犬行过，踏成竹叶梅花"的浪漫，是"欲将轻骑逐，大雪满弓刀"的雄浑。告别了北方，告别了我亲爱的伙伴们，告别了我心爱的雪。又是隆冬，我坐在窗前，似乎又看到那满目纷扬的雪，落在地上，染白了大地，也染白了天。

今年冬天冷得出奇，才入冬，地上就结了一层霜，再过几天，竟飘起雪来。雪下得不大，但足以让我惊喜！操场上、马路上、草地中的秋千架上……都落了雪。南方的雪极柔弱，许是初来的缘故，竟怕起生来，人一碰，它就化了。有些雪花调皮地卧在花枝上，风吹来，雪薄下去一层，透出些半含半露的花色，像姑娘脸上擦的胭脂，晕在雪里，妖娆地摇曳着，如柳絮飞舞，似彩蝶纷飞，如银铺小桥，似玉妆寒窑。

雪越下越大，终于可以覆一层在地上。同学们欢快地在操场上奔跑，雪球在场地上穿梭。还是有笑声，打着旋儿蹿到天上——那是一种惊喜，盼来了陌生的雪、熟悉的雪、久违的雪……我们静静地站在雪里，端详那雪，遍地琼瑶，似有"满目梨花照"。雪落在我们身上，钻进我们的发丝，也扎进沉睡着的土壤里。透过白雪，我似乎看到了丰硕的果树、肥沃的土地，它们带着春雨的精髓和冬雪的生机，在新的一年里享受生命，享受天地赋予它们的光辉。

雪停了，阳光照在积雪上，折射出希望的光辉。越过那厚重的白雪，我的思绪好像被牵到山间的古寺：剪鹅毛山童来报，压折老梅梢……

雨之三态

段丁姗

雨有三态，即如黄河之水奔腾而下的倾盆大雨，雾气氤氲随风洒落的霏霏淫雨，还有淅淅沥沥细声润物的及时春雨。

当夏蝉藏匿在叶的间隙唱哑了歌喉，沉闷的空气中轰隆隆响起了震耳的雷声，云气聚拢为它的到来铺上黑地毯。只见又一道闪电霹雳般划过天空，伴着雷公的鼓声，雨如飞流的瀑布从九天奔腾而来，倾泻而下，像初生的牛犊拥有旺盛的精力与无限的希望。它来到空寂的山谷，发出雄狮般的怒吼；它来到大海，掀起千层高的巨浪。可是它满怀梦想与热情地来到村庄与田野，却给人们带来了无尽的灾难，最终只得在满目荒凉中变成一沟绝望的死水，改造世界的梦想随之搁浅。对梦想过分猛烈与张扬的追求，渐渐在碰撞中销声匿迹了。

当秋风邀请深绿的叶子跳第一支舞曲时，雨便像银灰色粉湿的蛛网，网住了整个秋的世界。它像一只轻燕，在空中轻轻飞翔。风儿指挥着它，于是它如牛毛、如细丝般的身体便向东、向西或向南飘去。它轻轻地飞翔着，在风的吹拂下，像浮萍般沉浮，似蒲公英般随遇而安。它亲吻到一朵花的脸庞，花儿睁开惺忪的睡眼依旧干渴萎缩，即使它来到了"淡妆浓抹总相宜"的西湖，也只是化作西子明眸上的一丝水汽，结束它无奈的旅程。它细若尘埃、微若烟尘地随风游荡，像是失去灵魂的蝉蜕，用空虚的内心四海漂泊，随遇而安，最终也只能被阳光蒸发，不留一丝痕迹。

当杜鹃声声啼破春光，坚硬的河面被温暖的气息感动，淅淅沥沥的春雨及时而至。寂静的夜晚，它应着大地母亲殷切的呼唤，不急不缓从容自然从天而降，在母亲的怀抱中跳起欢快的舞蹈。它轻轻地搭在庄稼的肩膀上，将自己的血液注入庄稼。禾苗被它的活力感染了，也伸开双臂竞相生长起来。于是天地间呈现出一派万物萌发欣欣向荣的景象，而它，在这里找到了自己真正的位置。当融入这里时，它竟可以让周围的事物焕然一新。

雨之三态恰如人之三态，在梦想的追求与现实的碰撞中，不应过分热烈，不宜漫不经心随遇而安，唯有像细声润物的春雨，不急不躁，融入环境又坚守自己，才能孕育收获的芳香。

无风絮自飞

"不语花犹落,无风絮自飞。"花与絮的落与飞无须再借助风雨,是因为它们已进入了生命的时序。万事万物无不如此,洗尽铅华,唯一不变的便是本质。它们最终能够获得世界认同的也恰是其本质。

长风破浪会有时

张晨西

月上柳梢，人约黄昏，你以为这是别人的静谧；华灯初上，灯红酒绿，你以为这是别人的繁华；清风满袖，平林新月，你以为这是别人的恣意……你以为所有都是别人的，你为自己的位置而沮丧无助，然而长风破浪终会有时，要为我们正在走向的地方点燃希望！

也许你正流落城市边缘，无人问津；也许你还处于金字塔底端，备受欺凌；也许你还望着写满名字的红榜，叹息鲜花拥在别人的怀抱。然而只要你充满希望地前行，时光不会辜负每一个充满希望的人。岁月的馈赠、生命的功勋一定会在你沮丧的某个寒夜伴随吹放千树花的东风悄然来临。

他是《荷马史诗》中的英雄；他知道自己的命运与功勋；他站在一个进退两难的位置做一个有关生死存亡的艰难选择——生而平凡，或，死于荣耀。母亲忒提斯赐予了他神勇作战之身，冥河湍急的河水却将他置于一个沮丧之地。尽管预言再三警告我们英勇的战神，他却并未感到沮丧，仍坚信前行的荣誉会用最圣洁的希腊月光将他照耀。阿喀琉斯，怀抱着对结局的透彻，他逼近特洛伊，斩杀赫克托耳，也迎来了阿波罗的那一支毒箭。生命在绝望处仍怀有希望，在希望中聆听沮丧破灭、长风破浪的绝响。

不同的时空，不同的生命，怀抱着不同的希望，做了相同的告别。

黄沙寂寂，星空浩瀚，沙漠的夜风吹动一个世间的寂静。漫天的繁星，或许早在千百亿年前已经爆发，而当它们洒落到那位安静离去的小人儿身上时，是这世间最漫长而又最神秘的意外。

也许真如小王子所说，他再也无法拖动那副沉重的躯壳。他站在一个满是大人气息的世间，没有沮丧，他对他灵魂要去往的地方充满希望。黄光闪烁的一瞬，他微笑坠落；他再不会被困在这样一个不被理解的地方；他终于在长久的希望中破除滚滚沙浪，走到了他要去的地方。

"不要因为你在哪里而沮丧，而要因为你正在走向哪里而充满希望！"生命，本来就不是一件顺畅的事儿。站在不如意中时，我们一定要保有对未知到达的渴望，以及我不能在这种沮丧中变老的愿想。

"文革"十年，身居牛棚，季老细数秘密，发卷卷墨香，著道德文章，心怀希望，身骨终拼寸寸灰；深陷困境，从文先生观荷赏心，为每一个明天都更接近心中的诗画古城、滔滔沅水而充满希望；清扫不洁，杨绛先生看书作译，良知璞玉，盈盈温暖，世人共赏。

总要经历生命的委屈，才能以忧伤的明亮透彻沉默；总要充满希望地行走，才能逃离沮丧；总要不因现况气馁并坚定前行，柴米油盐的生活才得以温柔，生命的真谛才得以浮现。怀抱希望前行，长风破浪终会有时。

让那朵花开在那里吧

曹宋琪

花园里的玫瑰开得很美。娇嫩的花瓣上滚动着生命的芬芳。可是,那么美丽的花儿,路上行人经过之后,便被插在了精致的花瓶中。若是精心照料养护,花儿最多也只能活三天。

行人们摇头晃脑地吟诗:花开堪折直须折,莫待无花空折枝。折一朵玫瑰花,开在我肩头,诗意地生活。

然而,这种浪漫我难以认同。能感受山水之美的人未必住在山水之间,很多美,都是在人心中而非眼里。况且如同很多执着于拥有的爱会变成束缚,这种对美的赞美是以玫瑰的生命为代价的。玫瑰是静默的,它无法反抗别人将它从枝头折下,失去它短暂生命中接受天地阳光雨露恩泽的机会,它无法表达,也许我更愿意这样活着,从年轻到衰老。

听说藏羚羊越来越少了,还听说一位摄影师为了拍摄藏羚羊奔跑的画面,人为驱赶、惊吓羊群导致许多母羊流产,令这个群体更加脆弱。他们爱这个群体奔跑的活力与壮阔,最想将最美的瞬间凝固,却让它们的生存愈发艰难。

每次看到穿着貂皮大衣、抚摸美丽皮毛的女人,我总是想劝劝她们:对事物最深沉的爱,不是拥有,不是掠夺,而是尊重、爱惜与守护。守护着它的美逐步绽放,守护着它的美的延续,守护着它的美在这天地间,为前人后者,为你我共赏。

友人曾说，她要将生命终止在最美的那一刻，没有衰老，没有绽放，没有荣光不再。想必人生巅峰之时自杀的张国荣、川端康成等人亦有这样对完美的执着与追求。这是一个人生的宏观命题，我们没有权利去判断他人选择的对错。然而，我曾看到一位佛学大师的感悟：爱人，爱己，爱人生，爱人生中一切的不完美。这是包容与接受的力量。人生不只有一种风景，亦不只有一种成功、一种美丽。倘若我们的人生就是那朵花，是否要在盛开时摘下？

张伯端有言：还如果熟自然红，莫问如何修种。人的生命，生命中的盛衰荣辱，际遇沉浮，本就是一幅人生美景。我们执着地评定着成败美丑，殊不知生命的兴衰流转，于一个更广大的层面来看，本就是一种不可复制不可言说的顺其自然的美。

让那朵花儿开在那里吧，让它自由地生长，绽放，凋零，延续下去。让那朵花儿开在那里吧，不要再去执着于对成功与完美不折不扣的拥有，存在，并充满对生命流转间美丑变化的敬畏，本就是一种大美。

你需要活在某种文明之中

曾雁鹏

不同的活法，不同的生活！

我总忍不住掀起记忆里这样清新的一角：喜爱并创造了奥地利哲学文明的维特根斯坦一生忧郁、孤寂，家庭屡遭不幸，物质生活清贫，但他临终前的话却叫不少人目瞪口呆："告诉我的朋友们，我度过了极为美好的一生！"

在锦衣玉食的贾府里，林黛玉却无限伤感地葬花："愿奴胁下生双翼，随花飞到天尽头。天尽头，何处有香丘？"并最终锦囊收艳骨，净土掩风流！

你要想幸福，仅有物质方面的满足是不够的，你需要活在某种文明之中。维特根斯坦的生活充满哲学的迷离，林黛玉看到了贾府里太多的远离文明的杀戮与纷争，因而他们的生活如此迥异！

你需要生活在某种文明之中，因为这是对生命的提质！

想想，我们记忆中能晒出多少古往今来文明之外的温馨章节：昔日石崇们斗富的荒诞？争权夺利的灭绝人性的战争？抑或是今天土豪们炫富的鄙俗？不是！反之，生活在遥远的希腊文明的人们，至今仍传播着他们撒在奥林匹亚的文明之火；生活在欧洲文艺复兴中的大师们，在绘画、文学等各种领域留下的文明足迹，现在依旧可以触摸；中国的唐诗、宋词、元曲文明，已俨然是我们对他们那个时代生活的最强的想象……

天不生仲尼，万古如长夜。活在某种文明之中是如此让人神往。无怪乎醉心于古文化研究的英国历史学家汤因比曾说："如果可以选择出生的时代与地点，我愿意出生在公元一世纪的中国新疆，因为当时那里处于佛教文化、印度文化、希腊文化、波斯文化和中国文化等多种文化的交汇地带……"

繁花终会落尽，花魂可以永存。生命是有限的，你活在某种文明之中，是有利于自己的心灵，因为物质等方面的奢侈享受在文明生活面前如同浮云不堪一击。或文化，或善德，文明可以涵养你的心灵，提高你的品位，丰富你的人生。畅游其间，孔融让梨，张旭狂草，嵇康打铁……他们的人格照耀后人，他们的生活顺乎本性，文明生活的追求，自然而本真，物质终将烟消云散，唯有文明永垂不朽，"你选择了什么，你就成了什么"。相比于负重一生的蜗牛，他们是逍遥一世的沙鸥，忠于内心的生活，利于自己的性灵，生活也就有了质的飞跃。

贫困的孟母为了给年幼的孟子一个文明的成长环境而不惜三迁；教育家丰子恺在平时生活中经常给孩子们讲要对人讲文明、有礼貌，他的孩子都举止文明，大有出息，并影响了身边的许多人。我们不可能生活在真空中，每个人都是别人的影响源，文明礼仪无处不在，我们和我们的孩子每个人都受其影响。一位德国老奶奶过马路，虽然只她一人，但她依然等红灯变绿灯才走。她这样回答疑惑者："我怕楼上的孩子们看到后，以为红灯是可以通行的。"相比于尊老爱幼、谦让问候，我想对那些携着孩子"中国式过马路"、公车上与孕妇抢位、景区刻下"到此一游"、公共场合抽烟的人提醒：你需要生活在某种文明之中，因为你的文明生活有利于他人！试问，世间若无彼此的文明相待，而是彼此相恶，覆巢之下，岂有完卵？

请你选择生活在某种文明中吧！

在言行举止的细节里敲出文明的音符，在仁义礼智信的五环路上文明出行，这样，我们的城市才是文明城市，我们的国家才是文明礼仪之邦，我们的生活才真正诗意！

心灵无瑕疵，境界不染尘

胡宇琛

一颗纯洁无瑕的心灵，为我们指明了前行的方向，超越了物质的樊篱，这是海子的箴言；一份理性深刻的思考，让我们清楚了生命的意义，懂得了精神的可贵，这是巴尔扎克的妙语。

"我要做远方的忠诚的儿子和物质的短暂情人。"海子，摆脱了物欲困扰，用纯粹的精神演绎出生命的高贵。他拭除了心灵上的尘埃，磨去了思想上的瑕疵，用高贵的精神，演绎出同样具有高贵精神的人们共同的理想。站在这些贵族的肩膀上，我们可以让思想走得更远，让生命变得更加丰盈。

听到过一支优美的曲子，叫《天鹅湖》；看到过一种曼妙的舞蹈，叫天鹅舞。天鹅湖里灵动的天鹅，生动地演绎着曼妙的舞蹈，那是一种高贵的姿态，更是一种高贵的生命体现。犹记得，在姜戎的笔下，那美丽的天鹅湖，那干净的颜色可以照亮每个人的心灵。我想，也只有这样的一方净土，才配得上身心俱洁的天鹅，才配得起它那高贵的生命吧。因为，高贵，便是心灵的一尘不染。

精神的高贵，是身在繁华，却能平静如水。高贵不意味着一个人衣不蔽体，食不果腹，然后一脸正经地说：世俗，难以容身。这样的人，哪里配得上高贵二字？退隐深山，这只是布衣之懦；以死明志，这也是匹夫之勇。吟一吟《归园田居》，便能懂得，陶渊明就是此类人的典型。真正高贵的人，应该是宠辱不惊，笑看风云的。高贵是桨声灯影里，独坐一隅笑看红尘，真正的高贵，是歌舞升平中着意美酒，是闲静洒脱处品啜香茗。不标榜，不矫揉，如此，才是精神的至高境界，尘世纵扰，王者之心独静。读一读《兰亭集序》，就会发现，王羲之便是这方面的楷模。

精神的高贵，是世俗险恶，却能荣辱不惊。杨贵妃天香国色，一笑倾城，千骑送荔枝，百官争献宝，天子为之许下比翼枝头而不再早朝，可最终却缢死马嵬，花钿委地。如果没有杨氏宗族，说不定朝堂上的天子仍然心系百姓，关注苍生。万事已成历史，也无须去争论孰是孰非，而这位倾国倾城的美女的心灵，无论如何也不能用高贵来形容。

精神的高贵，是命运多舛，却能胸怀天下。冉阿让一生不顺，起起落落，历经坎坷。身为市长时的他，能够勤于政事，最终开创政通人和的大好局面；被人追捕时的他，仍然不忘去帮助别人，十年如一日地照顾一个又一个的孤儿，还曾从下水道中救出他人的生命。虽然被人诬蔑，虽然遭人误会，但在他的内心深处，却从来没有恨过任何一个人，而是用爱去呵护每一个人。《圣城挽歌》中说："世界神圣得直至包容万物。"我想说："一颗高贵的心灵同样能够包容一切。"不是吗？他的包容，让我们看到的便是最高贵的精神。

一个人能够不以身贵而贱人，不以独见而违众，不恃功而失信，只因为拥有一颗一尘不染的心，这颗心让他变得高贵。

在黑暗中起舞

彭 飞

纵使天空黑暗,也要摸黑生存;纵使卑微如尘,也要活出自己。正如曼德拉所言,不可以习惯了黑暗就为黑暗辩护,不为苟得而得意扬扬,争做自己的巨人,才能大放光彩!

纵使朝代黑暗,也要活得精彩!

嵇康是魏晋时期一颗不怕火炼的金子,面对司马氏集团的强暴蛮横,他没有为他们卖力而出卖自己的灵魂。他刚强,犹如健康饱满的打铁模样;他纯粹,不畏惧刽子手的长刀。一曲《广陵散》让三千太学生为之倾倒,他如临清风明月,抚着他的片玉古琴。他孤傲狂放,令小人丢尽颜面;他才高俊美,致俗人心生嫉恨;他文章风流,致庸人自惭形秽;他刚正不阿,令官府满怀畏惧。他懂得为司马氏集团卖力自己未必得到重用,他便顺应自己的意愿,在黑暗中摸黑生存。他不选择屈从,他选择了奋起!也正是如此,让我们在千百年之后仍怀念他那龙章凤姿。他那精彩的一声也必定在黑暗长空中划出一道闪电般光芒!

纵使身体羸弱,也不可做那虫!

站在天安门广场中央,向北看,天安门城楼的国徽熠熠生辉;向南看,人民英雄纪念碑庄严肃穆。这两件伟大的作品,凝聚着林徽因的心血,也永远纪念着她。很多人把她演绎成多情柔弱的美女,但颠沛流离才是她的一生。抱着抗战必胜的信念,她阅读大量的古书,为中国建筑事业准备着;为了国徽上的一抹红,她忘记了自己早已无法站起的身躯，埋头工作着；冒着随时可能被轰炸的危险，她毅然回到祖国的怀抱，为祖国奉献着。她不是花瓶，更不是那扭曲的蛆虫，她是那份为国家的坚守。她有那不屈的风骨，是那祖国的脊梁！

不因为黑暗而被污染，不因为黑暗而苟且偷生，我们要有鹰击长空的胆量，要有饱满的热情与信念。衣若素雅，可以凸显自己高贵的气质；妆若素淡，可以映显出自己的脸庞。

迈克尔·杰克逊曾说过：这个世界是属于创造者的舞蹈，舞者来来去去，而舞蹈留下。让我们起舞吧，那黑暗即便是舞蹈的背景，我们也要让那舞步优美动人！

手心向上是接受,向下是争取

郑涵月

让洁白的雪花飘落掌间,我们手心向上;接住随风飘荡的雨滴,我们手心向上;捕捉草间蹦跳的蟋蟀,我们手心向下;折断一支轻盈的蒲公英,我们手心向下……

同样是得到,却有的手心向上,有的手心向下。手心向上是接受,手心向下是争取。两个动作,亦是两种态度,无好坏优劣之分,只有适合、不适合之别。

当磨难突然来袭,你需要的是手心向上的从容和淡定,坦然地接受命运赋予你的考验。民国才女张爱玲,她的人生就像一场散去的筵席,当封建豪门变成没落的贵族时,当母亲远走重洋,亲情淡漠疏离时,当在她青春绽放的年龄,一个让她倾其所有爱过的男子移情别恋,违背"岁月静好,现世安稳"的诺言,给她扣上了汉奸的帽子时,张爱玲不曾怨天尤人,她依旧冷傲。因为她懂得"长的是磨难,短的是人生",在乱世中,无人可以将日子过成行云流水,所以即使一生苦难,她也依旧从容,她也依旧是民国时代中的临水照花人。

乱世已逝,和平到来。但每个人的人生却仍是一场没有硝烟的战场,手心向上的从容是最好的武器,那是一种忍耐,亦是一种果敢和坚毅!

当我们攀上人生的顶峰时,你需要的是手心向上的淡泊和宁静。都说临危不乱,其实临幸福不乱更难。很多人在登峰造极时得意忘形,转而落入万丈深渊。多少高官贪赃枉法，锒铛入狱；多少明星当红之际因吸毒而惨遭封杀。而袁隆平培育出"东方魔稻"，可曾见他沾沾自喜过？

当机会降临到你身边时，你则需要手心向下的主动和勇气。"如果你能赚得一千美元，我就让你娶我的女儿。"这是亨特的岳父曾经对亨特说的一句话。可那时的亨特一无所有，是个不折不扣的穷光蛋。但这最后的机会，他没有放弃。他发现欢庆时别胸花用的大头针很不安全，可若多折几道，把口做成可以封住的，就变得安全得多，他因此发明了曲别针，赚得了一千美元，同时用曲别针敲开了婚姻的大门。

机会不像雪花，不像雨滴，你摊掌心就会落入手中，它需要你去争取，让你的手心向下，紧握才能得到。

人生起起落落，有困难，有转机，有鼎盛之时，不同的境遇亦需不同的心态。

手心向上，手心向下，两个动作，亦是人的一生。

心有猛虎，细嗅蔷薇

杨明远

每个人都有欲望，这就像一只猛虎盘踞于我们心中，驱使着我们为了追逐利益而拼命向前奔跑——社会也会因此而进步。可是在利益追求的时候，人们往往又会迷失了自我。

其实，我们心中更应该有一朵蔷薇——那就是我们的敬畏之心。我们心中那只暴戾乖张的猛虎在细嗅蔷薇的刹那，定会平静下来，似被装进了笼子，社会也因此会更平稳地前进。

一个人只有心怀敬畏，才能安然前行。

不知何时起，商业化浪潮席卷了中国大地，很多人为了追逐利益都红了眼，亲手摧毁了一座座文明的巴别塔。在经济利益的驱动下，社会仿佛在不断进步。

可是，没有了对文明的敬畏，我们真的能进步吗？山清水秀再难寻觅，璀璨星空也了无痕迹——我们处在一个文明饥饿的时代，社会上没有多少真正的文豪，没有多少真正的诗人，没有多少真正的哲学家……人们的信仰正在瓦解，一个个灵魂嗷嗷待哺。

我想起了奥地利小镇哈尔施塔特。当地人深谙敬畏之道，从不过分追逐商业利益，始终秉承爱美的天性：欧洲最美小镇的诞生正是源于人们的敬畏之心。

在敬畏文明的人们看来，整个商业化社会就像一个闹哄哄的大市场。人们在匆忙地追逐着，声嘶力竭地叫喊着——为了利益和欲望。无头脑的匆忙，使人总是处在疲劳之中，独处时不复有静谧和沉思，人与人之间也不再有温馨的交往。望着这些忙碌奔走而又麻木不仁的"文明"人，只觉得他们野蛮和愚昧。

我担心这个可怕的过程正在向我们、向我们这个国家悄悄逼近，一切的价值都缩减成了实用价值，永恒的怀念与追求都缩减成了感官享受，友谊缩减成了交际和公共关系，读书思考缩减成了看电视上网，对土地的依恋缩减成了旅游业……没有了对生命的敬畏，什么都可以缩减，唯有追逐利益之心像肿瘤一样恶性膨胀。

敬畏之心，源于万物同源的亲近感，源于对生命对自然的敬重。如果说热爱生命是幸福之本，同情生命为道德之本，那么我要说：敬畏生命即信仰之本、发展之本。

我愿心中的蔷薇花永远盛开——纵使心有猛虎，我也能够安然前行。推而广之，人们都有了敬畏之心，社会也才能平稳发展。

无风絮自飞

唐晓芙

曾经有一位禅师说："不语花犹落,无风絮自飞。"花与絮的落与飞无须再借助风雨,是因为它们已进入了生命的时序。万事万物无不如此,洗尽铅华,唯一不变的便是本质。它们最终能够获得世界认同的也恰是其本质。

何为事物之本质?

于我看来,不过是:稳。山是稳的,却被一些人冠以"动"之名。最近,随着电视剧《琅琊榜》的热播,许多风景名胜区都掀起了一场改名热潮,加入了争抢"琅琊"地名的混战。商家这么做,无非是想增加旅游收入。然而,山还是那座山,水还是那条水,并不会因为被改了名称就变得不一样了。对于真正懂山水的人,山的本质在于其间的一草一木,一花一鸟,一石一兽。山的本质是活的,是动的,是有生命的;但山的名字却不能随意被更动,否则,那还是那座山吗?山是稳的,它听不懂世人之浮华,它保持原样,不为外界所动摇。原名,反映着它的本质,它的个性,也是历史对它的认同。"哈利路亚山"等无数事例不是已经证明,随意更名无异于一场闹剧吗?

于我看来,不过是:守。那些能够守住时间、守住寂寞的便是物之本质。西汉文学家左思少年时读了张衡的《二京赋》受益匪浅,内心翻腾起强烈的写作冲动,决心要写《三都赋》,陆机听了,拊掌而笑,说像左思这样的粗鄙之人不可能完成这样的鸿篇巨制。但左思矢志不渝，花了十年时间终于完成了《三都赋》，一时洛阳为之纸贵。陆机不得不佩服得五体投地。人心原本应该是坚强的；面对别人的打击，面对世俗的压力，唯有坚守初心，方能让人生无悔。而纵观当今社会取得成功的人有谁不是能够摒弃外来杂念、坚守本心的人？

  于我看来，不过是：静。大浪淘沙，淘出来的定是能够静得下心来的人。他们在面对外界的"风"时，却仍然坚守本质，活出自己的精彩。屠呦呦在获奖之际说："我喜欢青蒿一样的宁静。"她没有院士之名，没有博士学历，没有留学经历，却仍然发出了耀眼之光。可见，名号并不重要，重要的是本质。名号会随时间改变，而本质却不会。然而，真正能够在历史长河中保留的东西必定是万物宁静的本质。

  莫言曾说："喧嚣不会永远遮掩真实。"这里的"真实"便是物之本质。纵使沧海桑田，岁月如梭，本质永远不会被湮灭。因为它已深深定格于人的灵魂中，在以后的每一天每一刻都会散发其独自的芬芳。

重 视

何雅慧

"君以为易，其难也将至矣；君以为难，其易也将至焉。"

细细品来，上下半句，差异就在于"态度"二字上。若以为易，便会轻视困难，而惩罚往往隐匿于忽视背后；若以为难，便会重视细节，而成败往往取决于细微之处。

最是欣赏老舍对文字的态度："文字是认识生命、解释生命的。"他从一开始就赋予文字如此崇高的意义，他从一开始就明白文学创作绝非易事，于是每一处场景，每一丝情感，他都尽情渲染……

他对文学的"以为难"，是他重视写作的根源，也正是由于他的重视，他的每一滴墨都浸透着血与泪。所以纵然从未想过伟大，可那细致勾勒出的《四世同堂》，已然成为一座现代文学的丰碑。

而丰子恺亦是如此。记得他曾说过："吐白实在痛快，个个字入木三分，极细微的思想感情充分表达得出。"那一句"极细微的"，足以看出他对作品的高度重视，那吴侬软语、方言吐白，也恰恰是为了填补这"极细微的思想感情"。

他对于作品的"以为难"，成就了他在细微处的成功。犹记得《缘缘堂随笔》中笔墨洗练却精致耐看的乡土风情画，和隽永疏朗语淡情深的散文集子……一旦重视，成功就成了水到渠成之易事。

不禁想到，丰子恺若是以"创作"为易事，他的散文会不会少了些脉脉的温情，他的漫画，会不会也更粗制滥造了些……那么回想自己、周围的人，甚至于整个社会，不都是这般光景？我把学习想得太简单，以至于不刻苦用心却乞求好看的分数，成绩自是越来越差，而现在的我们，往往把生活想得太简单，以至于太过崇拜超级英雄，却让自己成了生活的丑角。

要知道，万物皆不可以之为易，随意的一个轻视白眼，都会让困难有了可乘之机，我们很可能就成了温水中待煮的青蛙，浑然不自知，而悲哀的结局，却注定要降临。

要相信，万事皆难事，再怎么看似徒劳的重视，都会是成功的关键，我们极可能成为那池中红鲤，一跃而过龙门。

"君以为难，其易也将至焉"，这是境界啊！

在自己的位置上优秀

王齐玉

美国作家道格拉斯·玛拉赫说:"如果你不能成为一条大道,那就当一条小路;如果你不能成为太阳,那就当一颗星星。决定成败的不是你尺寸的大小——而在做一个最了解的你。"找到自己的位置,方可在自己的位置上优秀。

在自己的位置上优秀,需要我们一份对梦想的坚守。在中国指挥界,有这么一个人,他从小就怀揣着成为优秀指挥家的梦想,并凭着超人的天赋成了新中国第一批送去苏联深造的留学生。然而,命运却使他注定与指挥家无缘。因乐团指挥岗位已满,学校又需要建设指挥专业,他只能被分配到上海音乐学院担任教师工作。他曾经梦想过无数次成为真正的指挥家,却也未曾想过离开教师的岗位,自任教起,他兢兢业业三十七年,直至生命的最后一刻。

他,就是先后为中国培养了八十余位指挥人才,学生几乎占据了中生代指挥"第一梯队"的黄晓同。虽然受到舞台灯光的照耀只有寥寥几次,但是他因坚持而绽放的光辉却受世人敬仰。他的严厉尖锐,他的执着坚守,最终造就了一个个优秀的指挥家,更成就了在指挥家教师位置上最优秀的自己。

在自己的位置上优秀,需要我们一份对责任的担当、对品质的追求。木梳品牌"谭木匠"的创始人谭传华,在创业之初便遭遇一场债务危机。当时库房里刚清理出十五万把有质量问题的梳子,有个客户愿以每把二元的价格全部收购，但谭厂长不卖。"舍不得这三十万，就不是真心想创品牌。我们只有横下一条心，质量放首位，'谭木匠'才有希望！"于是，一把大火，烧得梳子灰飞烟灭，但最终，那烧起的火光吸引来了无数客户的信赖！

正因为对责任的勇于担当，谭传华最终追来了成功。

在自己的位置上优秀，需要我们对自我价值进行充分的发掘，这也是一份对自己的尊敬。演员王千源，在影帝云集的影片《解救吾先生》中大放光彩，一个本应被观众厌恶的悍匪却迎来了一片由衷的叫好声。而王千源早年却一直只是个配角。不管角色多小，他都尽心尽力地把握好每一个细节，总能让人过目不忘，为此有人评价他是"演配角都能把主角的光彩抢走"的演员。

大道固然引人注目，但小路也有小路的风景；太阳虽然被人高歌，但哪一颗星星不是"太阳"？所以，无论自己身处多么卑微又不引人注目的位置，都不要自暴自弃，努力做好自己，在自己的位置上优秀！

差别化待遇

刘 宇

赞扬与责骂的差别在哪?

对于小明来说,是一百分与九十八分间的毫厘。

对于小亮来说,是及格与不及格间的跨越。

看似这样的差别化待遇毫无道理,仔细思索却能悟出其间的合理。

人生来不尽相同。自呱呱坠地时起,每一个生命便是一个独立的个体,有着其属于自身的优秀与价值。生命如此,又怎能以一条统一的刻线、单薄的规矩丈量一个个鲜活而独立的生命呢?

千年前,圣人孔子就提出"因材施教"的主张,弟子三千人,有富可敌国的巨贾,有位极人臣的政客,形形色色不一而足。孔子能准确地把握每一位学生的优劣长短,扬其长补其短,因材施教。正是因为这样的"差别化待遇",才使每个人都得尽展其能,各得其所。

社会对于每个人,应有不同的要求,正如一台高速运转的机器,既不能缺少轰鸣的马达,也不能小瞧默默无名的一颗小小螺丝钉。可能对于小亮而言,九十分是他永远无法企及的高度,及格便是其尽其所能的结果。若是我们只是用统一的标杆来评价不一样的人,那世界将会埋没多少奇人与怪才!

是的,我们社会需要差别化待遇!正如航天器的研发需精确到小数点后十多位,而汪洋恣意的草书国画只求神形具备即可;正如廉颇以身经百战的显赫战绩位列上将，蔺相如以如莲巧舌精巧说辞拜为上卿；正如"舌尖上的中国"中一位位能人以食物谱写精致，《我在故宫修文物》中一双双巧手以古物刻写精华……各行各业，各得其所，差别化待遇而实现整体的共赢！

由此观之，作为肩负着向国家与社会输送人才重任的学校，更应抛弃条条框框，摒弃墨守成规之道，改革创新，因材施教，用一把把不同的刻刀，雕琢出莘莘学子各自的独特形态，以不同的标准，相同的诚意，培养出各有所长的栋梁！

我一直坚信，每一个个体，都有其独特的芳华，每一个存在，都有其独特的意义。而我，愿养我浩然之气，展我独特风采！

差别的待遇，相同的匠心；不同的准则，同样的期许。"差别化待遇"，无差别！

因材施教育英才

黄小蕾

孔子被奉为圣人，不仅是因为他的言行值得后人效仿，他的教育方法更是值得我们借鉴。孔子弟子三千，他强调因材施教，即针对不同的学生，根据其自身不同，实行不同的教育方法。正是孔子的这种教育理念才使得其弟子都有各自的建树。因此，我认为对孩子的教育，应推崇因材施教。

作为成绩优异的学生，就应该严格要求，关注他的波动变化，引导个性思维。而对于普通学生，则需要及时鼓励，认真引导。作为教育者，既要培养国家栋梁，也要培养社会精英。

英国的伊顿公学名扬天下，数百年的教育中诞生了三十位英国首相以及数不胜数的各类大家，这样辉煌的成就与其秉承开放严格的教学环境不无关系。伊顿公学秉承开放的教育理念，支持甚至鼓励学生的言论自由。学生可随时发表异议，阐述自己的看法。从另一个层面看，这不就是正在因材施教吗？课本的内容是千篇一律的，但是我们的思想是各有差异的，支持提出异议，这正是发扬个性、培养个性的正途。伊顿公学正是坚持这种因材施教的方法，才使得学生们的思想不受约束，个性得以张扬。因材施教、严格要求才会培养出善于思考的人才，培养出"大家"。

著名文学家郭沫若先生，蜚声文坛后，有人曾拿出他小学时期的成绩单，上面的成绩不是我们想象中的门门优秀，甚至有的还不及格。

还有钱锺书先生，当年考清华数学分数极差，然而这些挡不住他们在文学方面的熠熠光辉。我们又看到了家庭、学校因材施教的重要性。如果仅因一门课程不理想，而扼杀了一位在另一个领域卓尔不群的人才，也许我们又会失去了一些文学家、数学家……

　　孩子的分数有高低，孩子的未来各不相同，故而教育的方式应该尊重孩子的成长，及时发现他们存在的问题，从不同方面不同角度去引导和关注。社会需要各行各业的人才，作为教育者，必须要考虑到其差异性。

　　唯有做到因材施教，因人而异，该激励时激励，该惩罚时惩罚，教育之花才能真正绽放，社会才更加和谐美好。

看似无用　实则助你前行

李　想

高晓松有言："生活不止眼前的苟且，还有诗和远方的田野。"诚然，在人生的旅途中，我们的"行囊"总会有意想不到的变故，但这种不可预知正是人生魅力所在。看似无用的行囊，助你走向远方。

没有任何方法可以检验自己的做法是否正确，因为不存在比较，一切都是马上经历，仅此一次。米兰·昆德拉说过，"人活过一次就等于没有活过"，没有彩排，这就是我们的人生！我们唯一能做的，也只是背上那未知的行囊，向着远方奔跑。

日本作家村上春树从来没有想过自己会成为一个作家，他只是在一天下午"喝着啤酒，惬意地看着棒球赛"时突然想到"好吧，就去写小说吧"这个念头，才开始了写作之旅，他凭借着自己的《且听风吟》获得新人群像奖，从此声名大噪，终成一代文学巨匠，他将文学装入行囊，陪伴他走向远方。

鲁迅是伟大的，他的一生呐喊过也彷徨过，但他从未停下前进的脚步，为救中国，他去仙台学医，因为偶然的际遇，他终于放下手术刀，拿起纸和笔，成为中国人灵魂最尖锐的解剖者，中国的思想文化界，没有一个人像他一样招致密集的刀剑，因此，也就没有一个人像他一样获得更为光辉的战绩。因为偶然，鲁迅在看不见的险恶战场里，建立了超人的功勋。

人生恰似一张单程车票，充满随机，人生也类似由狂人主办的奥林匹克运动会，我们必须在同人生的抗争中学习那未知的人生。如果有人对这种荒唐的比赛愤愤不平，最好尽快退出场去，但决心留在场内的，便只有努力拼搏，背上那未知的背包，奋力向前。

行囊的不确定性，也正是人生的不确定性，如芥川龙之介说："人生近乎严重缺页的书，很难称其为一部，却仅此一部。"但正是因此，我们每人的人生才会丰富多彩，我们也会有继续努力下去的干劲，因为一切未知，前方总会有美好在等着你。

背起行囊，上路吧。看似无用的行囊，助你走向远方。

咀嚼生活的墨雅书香

许 柳

陆游有两句脍炙人口的诗:"纸上得来终觉浅,绝知此事要躬行。"列宁也说:"要学会游泳,就必须下水。"由此看来,躬身实践,何其重要!没有千里之遥的跋山涉水,何来处事之满腹经纶?没有细味生活的墨雅书香,又怎会有力透纸背的深思熟虑?

诚然,课堂的有效教学与课外的大量阅读,对于一个人语文素养的提升不可忽视,前者有助于我们掌握基础知识,为日后的学习生活打下坚实基础,后者则使我们畅游文学世界,体味另一番别致风情,对个人的思想提高尤为重要。然而,较于上述两种方式,社会生活实践的作用更是不可估量。

张爱玲说:"人生有三恨:一恨海棠无香,二恨鲥鱼多刺,三恨红楼梦未完。"在此,允许我再加一恨:四恨语文学习没有了生活的墨雅书香。

品味生活的墨雅书香,可以静赏风花雪月,是以明境清心。朱熹道:"问渠那得清如许,为有源头活水来。"我想,这源头活水应该就是生活这本大书吧!语文素养就在我们赏秋叶片片飞红、观花蝶嗡嗡鸣叫之时不自觉地以熏陶与提升。我曾畅游湘江,伫立橘子洲头,看"万山红遍,层林尽染",深切体悟到毛泽东当年的由衷赞叹;我也曾亲赏桂林山水,清心悦目,方知"甲天下"的美誉当之无愧。

品味生活墨雅书香,可以品人情冷暖,品世间爱与苍凉。是谁在沙洲之中"拣尽寒枝不肯栖"？是谁在赤壁之岸高歌大江东去？苏轼品出了人情冷暖，于黄州种地酿酒，纵酒醒复醉，写下了撼人心魄的千古词句。记得学习孟郊的《游子吟》，老师让我们住校生回家陪母亲住一宿，好好感受一下母爱。晚上，母亲戴着老花镜为我缝补衣服，翌日临走时她又一直把我送到村口……我哽咽了！"临行密密缝，意恐迟迟归"，不用老师讲解，我已经深深领悟了。

品味生活墨雅书香，可以洞悟生活哲理，饱饮智慧琼浆。游览金丝大峡谷，峰回路转，曲径通幽，我仿佛一下子置身于陆游"山重水复疑无路，柳暗花明又一村"的境界之中，受益匪浅；戏水游泳池中，那看似泛着凉气的池水是那样的温温怡人，我一下子明白了"春江水暖鸭先知"的深意。好多课堂上讲不透道不明的道理，以身相试，便豁然开朗——社会生活实践，真乃知识的源泉！

课堂教学和课外阅读，尽管益处颇多，却不免受到种种限制；而对生活的实践、体味，才更能真正提升一个人的语文素养，使人明人生之境，味人情冷暖，品世间爱恨，察生活哲理，终成一副冲天大气象。

用喜欢展示能力的极致

李昱璇

能力的前面有一扇门,要想步入这个繁花似锦的境地,必须有一把能打开这扇门的钥匙。

古往今来,无数成功者的足迹都在印证着这一条亘古不变的真理。

张衡是成功的。他凭他的一份喜欢,在汉代天文历法术数方面做出了超人的成绩,制造了世界上第一台地震仪——候风地动仪,编写了世界上第一部天文历法文献——《灵宪》,研制出世界上第一代天球仪——浑天仪。可以说,是喜欢成就了张衡的贡献,奠定了他在中国乃至世界天文史上的地位。

诸葛亮是成功的。他凭他的一份喜欢,辅佐刘备,建立蜀汉政权,奠定了三国鼎立的局面。因为他喜欢天文,所以敢于创造"草船借箭"的奇迹;因为他有运筹帷幄决胜千里的能力,所以才羽扇一摇化解了曹军大兵压境的危机;因为他擅长审时度势,所以才敢让刘备只身入吴,导演了一出"周郎妙计安天下,赔了夫人又折兵"的喜剧。在中国战争史上,诸葛亮这位旷世奇才,凭他的一份喜欢,把能力发挥到极致,把成功演绎得洒脱,让人无不叹服。

由此可见,大凡成功者,都有着一腔喜爱,有着在某一领域超常的能力和智慧。就是凭着这份喜欢、这些能力,他们才一步一步攀上成功的巅峰,演绎出生命的精彩。所谓虎有虎爱,蛇有蛇趣,任何一个生命体，无不借助于自身的爱好和能力才得以生存下来。据说，有一个老渔夫在最不好的时节出海，也常常能满载而归。有些年轻人既羡慕又嫉妒，都以为是老头运气好。等渔夫的儿子长大了，也要出海。他问老爸："你的运气为什么总是那么好？"渔夫说："狗屁运气！你得有兴趣学会看风辨云观水色，即使几片浪花，都有鱼的味道。这些东西你掌握不了，即使每天绕太平洋一圈，也很难碰到运气。"老渔夫之所以能在海上生存得有滋有味儿，凭借的就是这份喜欢养成的自己的这种能力。

喜欢是一把锋利的剑，能帮你披荆斩棘，所向披靡；能力是一支有力的桨，能帮你斩风劈浪，一路无敌。只要你能够培育一份喜欢，养成一种能力，就能够形成自己的特长，成就精彩的人生。

朱婷，这位国人为之骄傲的女排主攻手，就凭自己对排球的喜欢，凭爱好练成的独门绝技，在里约奥运赛场上一展风采，成为世界瞩目的中国排球明星；刘慈欣，这位同样备受国人青睐的文学大咖，也是凭自己对科幻世界的一份喜好，形成自己独特的文笔，奠定了自己在科幻文学史上的地位，点亮了世界文学的殿堂。

成功之路千万条。只要你在某一领域葆有一份喜爱，就能把能力演绎得精彩绝伦。

觅一缕花香

陈 达

我们所处的是一个价值观多元的时代,但纵观当下,却遗憾地发现人们的价值观单一得有些可怕,逃不过钱权名利。

人活着就是活一个价值观,周国平先生如是说。中国人的价值观常常会走两个极端:一是太虚,只顾坐而论道,飘飘乎清谈;二是太实,只顾低头觅食,凡事以是否有用为标准。一块面包和一朵水仙花才是我们应当选择的最优组合。我们不否认对物质的追求,对适当物质的追求是为了获得精神上的自由,而过度的追求则是给精神戴上沉重的镣铐,让我们身心疲惫。

随着物质生活条件的改善,"面包"的需求是可以满足的,只是这花香,我们暂且没闻到,至少没有让大多数人闻到。林清玄是能闻到花香的作家。他说生活若没有美好的追求,便会失去生命优雅的样子。他的作品中散发着一种禅学的香,使人读后有一种清净的欢喜,如在浮世中静品香茗,沁人心脾。正是由于林清玄自己追求那一缕花香,才能使笔下流淌的文字带香,传递给更多的人。

我们从优秀的作品中寻觅一缕花香,得到精神上的愉悦,但更重要的是我们要由内而外地散发花香,重视自我修养,让我们的心上开出水仙花。前段时间曾掀起一场"民国大师热"。今人景仰民国大师风范,一是大师们身上的精神确实值得推崇,二是我们的时代缺少大师,浮华之中,人们关注的不是学问本身,而是名利大小。民国的大师们都是心上水仙花盛开的人，他们坚持思想独立，重视自身修养，以学识和品格书写不朽。历史的尘埃掩盖不住他们身上夺目的光芒。

勿以善小而不为，勿以恶小而为之。自身修养也是一个从量变开始不断积累的过程。我们今日播下的种子不会在明天开出花来，但终有一天它会以翠绿的方式长出地面，开花结果。我们都只觅一缕花香，整个社会便可花香四溢，何乐而不为呢？

《游园惊梦》有一句话："情不知所起，一往而深。"我想，诗歌带给我们的也是这样的感觉，它唤醒我们内心深处的感性认识，让我们变得极为柔软，诗意地栖居。

亮剑无声处

王子怡

日本作家川端康成的一句话很令人回味:"不要在喧嚣处歌吟,否则,你的歌声也将成为那喧嚣的一部分。"

细细思索,此言余以为然也。也许,在众人经过的大道上我们的声音纵使再高亢也无人知晓。我们唯有亮剑无声处,才能不从大众,唱出自己的旋律。

范仲淹的一篇《岳阳楼记》历来为文人墨客推崇赞赏。然而细想,倘若没有那"前人之述备矣",而仅仅徘徊于"春和景明""一碧万顷"之中,又怎会有《岳阳楼记》的成功。唯有在众人无声处发出"微斯人,吾谁与归"的真心慨叹,亮出自己的真知灼见,方有千年不衰的魅力。

且看鲁迅先生那激昂的文字,听听那不朽的声音。在万众沉默的恐怖气氛中,鲁迅先生第一个喊出了他的心声,亮出了他的思想之剑。"沉默啊,沉默,不在沉默中爆发,就在沉默中灭亡!"这是他在民族的沉寂中亮出的声音,宛如警钟般唤醒了麻木不仁的世界。

亮剑的背后,往往是一颗不拘于时、独立于世的心。陈寅恪悼念王国维的那句"独立之精神,自由之思想"仍在今人的耳畔回响;"风雨如晦,鸡鸣不已"的声音未曾消逝。别人已说处,自然不必再附和;别人无声处,需要的是我们的亮剑精神!

然而,现实中的我们,真的做到亮剑无声处的又有几人? 王开岭先生在《古典之殇》中曾无奈地感慨："我们唱了一路,却发现无词无句。"喧嚣匆忙的社会中,我们歌咏的究竟是什么?能唱出自己的歌词与心声的,究竟能有几人?社会在发展,但我们不能失去自己的声音。何不在众人袖手旁观之际打破冷漠的沉寂,用行动诠释自己内心的声音?何不在众人口口声声、模仿作秀的网络世界,亮出自己的真知灼见?在新时代中,亮剑无声处需要的是"虽千万人吾往矣"的勇气,是海子那份"众人都要将火熄灭,而我独将此火高高举起"的坚持,抑或是斯巴达克斯为心中的太阳城而挣断绳索的激情。唯有亮剑无声处,方能无愧于己,无愧于心。

  人生易逝。唯有于众人无声处亮出自己的声音,方能不枉此生。

铭记翻山越岭的理由

刘怡晨

浩浩前程，恰似山岭。越过山丘，前方仍有千山万壑待你我踏过；人生就在这无数次翻山越岭间拓展延伸。

叶倾城笔下的人们，在翻越一山之后就止步不前，实在令人担忧。

今天，我们为什么停下前行的脚步？曾经遥远的目标，似乎已经真切地踏在脚下了，欢喜于脱离奋战高考的苦海，自然迷失于色彩纷呈的大学生活。本该在这里追寻理想，却虚度年华。殊不知，翻越山丘，是为了登临下一个高峰；进入大学，是给鱼龙翱翔提供一片更广阔的海洋。

当年，我们为什么选择出发？稚嫩的童声响自耳畔：为了人生有为，为了祖国富强！国家民族的未来，尽在这青年志气。令人遗憾的是，一路奔跑，翻山越岭，出发时节的豪言壮志，已在登顶之前遗落；令人痛心的是，遗落了为之追赶多年的梦想，却浑然不觉。

回首秦末，群雄逐鹿，楚汉争霸。攻占咸阳后，项羽尽享奢华，迷失匡扶天下的初心，无视谋臣忠言，执意"衣锦还乡"，做西楚霸王，自矜功伐，沉醉安逸清梦之中。而此时刘邦却以一身微贱，入函谷，约法三章。尔后蛰伏汉中，暗度陈仓，为的是博弈天下。盛衰兴亡，不过须臾。忘怀初心者，纵力拔山兮，终究化作四面楚歌；心怀天下者，纵前途坎坷，终能成就自我。

正如马尔克斯所言："我们趋行在人生这个亘古的旅途，在坎坷中奔跑，在挫折里涅槃，忧愁缠满全身，痛苦飘洒一地。我们累，却无从止歇；我们苦，却无法回避。"

又如德国企业精神的那份执着坚定：专注于眼前，坚守心中目标，不断雕琢品质，遂成"工匠精神"的典范。"即使是一颗螺丝钉也要做到最好"，在他们眼中，"最好"不是完美，而是变得"更好"。二战后至今，德国在动荡坎坷中，翻越崇山峻岭，践行着认真专注的品质，追寻着将一切做得更好的梦想。途中，有过太多可以松懈的理由，但他们从未止步，坚守信念，在崇山间寻找下一个高峰。

放眼人类千年旅途，又何尝不是如此？正如曾经沉浸"天朝上邦"幻梦的华夏，多少文明古国安享盛世，忘却了这一切都源自祖辈的"暴霜露，斩荆棘"，忘却了祖祖代代的梦想，再繁华的盛世都不过是梦幻泡影。而又有数不胜数的民族蛰伏于坎坷山路，不断前行，创造民族奇迹，翻开人类历史新的篇章，一如在列强枪炮下觉醒的炎黄子孙。唯有信念，才能成就山巅的美景；唯有坚守，才能抵抗山路的漫长。

若无信念，无法立足于世；若无坚守，无法付之于行。唯有信念坚定，执着不懈者，才能看到山那头的旭日，才能感受山那头的风云变幻。

翻过山丘，不是海阔天空、一览无余的安适，而是千山万壑的斗争，另一段征程。而我们就在这征程中不断历练，享受人生。

铭记翻山越岭的理由，去追寻更高峻的山，更广阔的天地。

有所畏，才能无畏

"有所畏，才能无畏"的含义应作为我们面对艰难险阻时的一个信仰，引领我们直面生活中的挫折。生活中处处充满着"荆棘"与不可预料的"暴风雨"，倘若在临行前，就做出了最坏的打算，并敢于直面现实，直面内心恐惧，勇往直前，像船只一样乘风破浪，像勇士一样披荆斩棘，那一定会成为人生最终的赢家。

从失衡到平衡

唐烨辉

下笔，勾画，深深浅浅的墨色，在宣纸上晕染成一幅浓淡相宜的水墨。

生命，是乌黑浓郁的墨，成长，即是澄澈透明的水。从不谙世事那时起，浓稠的墨汁，兀自挥散在人生白皙的画布上；历经光阴以来，终于懂得兑上清水，让这深沉如夜的黑色，于明灭间勾勒出理性与和谐。

笔尖流淌的，从华枝春满草木葱茏到萧瑟衰微的季节，就像经由山水，经由时光，我们一步步走来的人生。其间失衡或平衡的墨色，都是人生必经的风景。

那传承千年的中庸之道，那时光交汇成的平衡点，是亘古不变的宁静——洛耶耳岛的狼与鹿在生存与死亡间保持着平衡，法律与道德的制约之间有着平衡……平衡是在奔跑中的偶尔小憩，是带着近乎感动生命的美好，诗意地栖居着。

林圣庭在《一杯清水》中把生活喻为一杯普普通通的清水。我们的舌头分辨的是酸甜苦辣，一杯清水带来的只有平淡与乏味，我们需要用情感为一杯水增添不同的味道，不同的情感也使这杯水变得独一无二。人们常说，食物里少了任何一种味道都是不行的，我认为人生也是一样，是喜悦与失落交织成的一种欲言又止的平衡，少了任何一种情感，人的生命都不完整。

然而，人生的平衡其实包容着失衡，或者说，正是这种失衡才造就了更好的平衡。非同寻常的人生，是在不同味道的碰撞失衡中，酝酿出真正滋味的。

与失衡相对的，是均衡，而平衡不等于均衡。就像平均主义和"两点论"是永远行不通的，平衡追求的不是对等，而是自然与和谐，是新春初至时花树欲发的朦胧。很多看似失衡的事物，也同样运行在平衡的轨道上。

弘一法师曾说："物忌全胜，事忌全美，人忌全盛。"这很像留白的艺术，在盈满与空白间，在失衡中，保持着微妙的平衡。哪怕是不懂艺术的人，也能一眼分辨出西洋画与中国画：西洋画，满；中国画，空。西洋的油彩画，各种颜色缤纷丰富充盈整个画面，看似均衡的用色，却不如中国水墨画，寥寥几笔丹青于白宣纸之上，不多的着墨，看似与空白的部分不相和谐，却使画面层次分明，错落有致。平衡之美，在于过与不及间的恰到好处。

人生，这一幅水墨画，浓淡匀调的墨色中，夹杂着苍劲的笔锋和些许留白，在失衡中，看到更美的平衡。从此刻起，在平衡的生活中诗意地栖居，不要让物质的盈满填补精神的空白，以平静的内心，去勾画平衡的美丽色调。

回归公民本色

丁梦婷

作为社会集体的有机组成部分，人的行为往往和其所存在的社会息息相关同时也相互影响。一方水土养一方人，其实也是一方人养一方水土。塑造一个和谐友爱的社会，需要每个人公民意识的觉醒，意识到自己是不可缺失的力量，意识到自己在社会集体中究竟扮演着怎样的角色。

鲁迅先生笔下的"看客"社会，其实就是一个艺术化扭曲了的公民意识严重缺失的堕落社会。在盲目的从众与自我意识的淡薄下，上演了一出出荒诞的戏剧。然而，现实中类似的景象却随时都能看见。前几日，两位老人在公交车上为一个座位起了争执，最后一个晕倒在地，被急送到医院。其实车上坐着的乘客，大可以张张嘴劝劝大爷们，但人们却偏偏选择了旁观看戏。

我们应该意识到，对于所遇到的每一件事，我们都是负有责任的。这种责任不是看新鲜、发微博的无动于衷和隔岸观火，而是要以一个主人的姿态自觉维护我们这整个社会的利益，同时肩负起传播正能量的使命。

自我认识的不足，也使得一部分人无法自我定位，而始终被一种惶惶不可终日的不安全感所折磨。这无关个人文化程度高低，而是拥有能在喧嚣俗世沉稳落定，坚持自我的勇气。而这种勇气，往往来自于对所生活的社会、对所处的环境的认同与热爱。正确认识自我，不仅要明白什么是正确的，更要体现在行动上。譬如我们都知道乱扔垃圾是不好的，但我们还是会不自觉地跟随大众将原则丢弃；譬如我们都知道公共场合不能吸烟，但我们有时就是缺乏勇气去提醒一个吸烟者这样做是不对的。一方面，我们侵犯着他人的利益，另一方面，我们的利益也被他人侵犯。你也不说，我也不说，被侵犯的社会利益该从何处讨回，缺失的公民意识又该从何处重新生长？

对此，我们将之归结为"弱势心理"在作祟。同时也是一种对自己的否认与不自信。拿抓小偷的例子来说，帮忙抓小偷的确需要很大的勇气，然而，当一个人上前拦住小偷时，我们会看到有一大群人也跟着上前勇敢抵制社会负能量的暗流涌动。正能量的种子在每个人心里蛰伏，只要有一滴善水的滋润，就能蓬勃生长。所以，这种所谓的"弱势心理"完全是不必要的担心与多此一举。敢做出头鸟，成为那一滴上善之水，是我们每一个人的责任。

强化自我认识，其实就是提高自己内心的坚韧度，在纷繁世界中找到一个属于自己的座位与责任，有足够的勇气将爱与阳光传播给他人。这样，才能培养出一个文明高质量的社会公民，才能最终造福于人类。

思考是行为的种子

黄 睿

美国著名思想家爱默生曾说："思考是行为的种子。"有了思考才会有新的发现，才能够突破前人，才会有理性的升华，才会有发明创造。要成就一番大事业，就要敢于思考"不可想象的事情"，如果因为事情变得不可想象，思考就停止，行动就变得无意识。

清代张伯行极力推崇质疑精神，他认为"于不疑处有疑，方是进"。伽利略怀疑亚里士多德的重力理论，经过无数次试验，最终证明该理论是错误的。能推翻当时的"真理"，不仅需要勇气，还需要智慧，而这，没有独立思考是做不到的。

程朱理学的奠基者之一程颐主张读书要思考，"不深思则不能造其学"。德国气象学家魏格纳病倒在床，发现世界地图上的巴西海岸每个凸凹部分都可以和非洲沿岸的部分正好对应，这触发了魏格纳思想的火花，并进行了思考研究，最终深化了新学说"大陆漂移说"；门捷列夫在长达20年里思索，反复揣摩已发现的63种元素，最终形成了元素周期表。

思考必须持之以恒，宋代朱熹有言"思索，譬如穿井不懈，便得清水"。牛顿对苹果落地这一自然现象持续地思考，提出了震惊世界的"万有引力定律"；阿基米德从盆浴中得到灵感，发现了著名的浮力定律；瓦特从水开壶盖跳动中得到启发，勤于思索研究助他成功的改良蒸汽机，从而改变了世界进程。

爱因斯坦曾说："发展独立思考和独立判断的能力，应当始终放在首位，而不应当把获得专业知识放在首位。"西方教育认为，教育不是灌输，而是点燃火焰，即培育学生的思考创新能力。反观中国的教育：黑板上是老师模式固定的教纲，课桌上是学生照搬照抄的笔记，学生获取的知识只是老师强行塞入的。对分数的过分追求，让学生无暇独立思考，老师也不习惯于学生质疑，应试教育把自己装在套子里，也喜欢把别人装在套子里。这大概就是为什么中国在奥林匹克竞赛中鹤立鸡群，却出不了诸如盖茨、乔布斯等影响世界的核心技术人才的缘故吧。

人的高贵之处在于有灵魂有思想，正如帕斯卡尔所说"人是一支有思想的芦苇"。思考似灯塔为你照亮航程，思考似朝阳为你驱散晨雾，失去思考的人生是悲哀的，这样的人只能沦为盲从的奴隶，注定一事无成；勤于思索、敢于质疑的人勇于挑战权威，必将在某一领域独树一帜！

文 明 之 悲

王奕婷

　　文明是什么？我一直在想这个问题。百度百科说文明是使人类脱离野蛮状态的所有社会行为和自然行为构成的集合，很拗口晦涩的解释。

　　近日看到作家六六的一篇微博《怒的背后》，引起了我们对文明的深思。面对某些人的素质问题，她从起初无法抑制的愤怒与不满到最后在朋友开解下表现得似乎释然的宽容。中间经历了多少复杂的心理起伏，我们无从得知，但在她表示包容与等待时间教化的背后，却是一份无奈。她无法对戴高乐机场吵闹的老人或是明知故犯交通法规的司机做些什么，尽管她明白什么是文明，可是他们不懂。

　　于是，有人发出了这样的叹息，"是不是富了才能谈文明？"

　　也许并不。我们确实与西方的绅士淑女存在一些差距，某些不文明的举动也的确令人羞愧，可纵观中华上下五千年，从前的礼仪之邦也不是徒有虚名。

　　早在春秋时期，孔子就提出了克己复礼的观点。他强调的礼，主要是维护阶级利益的周礼，也就是曾经的礼乐文明。人人遵循此礼，自动规范自己的行为，无论是家财万贯的财主还是身无分文的贫民，乃至皇亲贵族，没有人可以脱离礼的管束。周朝以后，也没有详细的法制确立所谓礼的地位，它却像一把标杆，插在了每个中国人的心头。这是历史的传承，我们却渐渐迷失在物欲横流的社会中，失去了它。

埃及卢克索神庙的浮雕上那一行耻辱，反驳得还不够彻底吗？一家人出国旅行，想必是个颇为富足的家庭，但在文物上刻字的举动，小到家无家教，大则涉及国人素质低下。怪不得国外某些景点为中国人特设了汉字文明标语，简直令人羞耻。

泱泱大国，怎么就落了如此下场？封建社会几千年的延续，让我们进入现代社会比西方晚了百年，但我们也有自己的文化传承。中国的历史积淀，都去哪了？

归根还是在教育。社会发展与人的发展是相互促进的。从封建后期麻木精神的八股取士到近代仓促西化的综合大学，我们终究还是出了纰漏。没有了文化传承，又失去制度约束，中国在政治上解放了，似乎把老祖宗留给我们的宝贵财富也"解放"了。

同为亚洲国家的日本，在素质教育上确实走在世界的前列。日本，从干净的垃圾分类到热情的鞠躬行礼，都完美得无可挑剔。从小学生开始，坐电梯懂得先下后上、不挤不攘，排队时永远井然有序的一字型。日本的全面素质从小教起，充分印证了文化影响的潜移默化。尽管日本军国主义曾对我们造成了无法挽回的伤害，可在某些方面，的的确确自愧不如。

西方的个人理念更值得我们欣赏。曾经有个时期，美国的公职候选人必须是"自我塑造的人"，要求个人对自己、对社会、对上帝负责。这似乎和中国人的无愧于心有些相似，我们把它叫作良心或道德，而在他们看来就是文明。那些含着银勺子出生的人可能被羡慕，如果他没有足够的素质就难以激起公众的喝彩。文明一向被置于首位。

在今天，我们失去的也许不仅仅是文明传承、信仰……悲剧，请止步于此。

主宰命运

徐 淼

"对于我们每个人来说,人的伟大在于他扛起命运,就像用肩膀顶住苍穹的巨神阿特拉斯一样。"昆德拉在《生命不能承受之轻》这样说道。命运,这样神圣的名词,自我们呱呱坠地那天,便与我们形影相随。

命运凝聚了太多的责任与重负,凝聚了太多的挫折与挣扎,也凝聚了太多的憧憬与希望……我们需要的是与命运做斗争的精神和把握命运的果敢。

吴俊东的多年奋斗才换来哈佛一朝录取,焉能因贫困弃之?所以他敢与命运一搏。发起分享学习经验换取资金的举动何错之有?都说现实是此岸,理想是彼岸,中间隔着湍急的河流,行动则是架在川上的桥梁。吴俊东的行动正是在主宰命运!

人只有善于自己主宰命运,才能经历磨难,平步青云!

邹韬奋,作为一名伟大的爱国者,他执笔抒正义,抨黑暗,可世界的黑暗不允许光明的存在,他的命运自"七君子事件"开始艰难……但是敢于主宰命运的他没有轻言放弃,在狱中生活,他始终以一个坚强的姿态同反动派针锋相对,战而不屈。

他以笔为武器改变了人生,主宰了命运。

华特·迪士尼,成就了迪士尼商业王国的伟人,他创造的《木偶奇遇记》被《纽约时报》盛赞为"有史以来最优秀的卡通片",可鲜为人知的是起初人物形象极其呆板。若他放手抛弃了投入的50万美元，那也不会有今天好评如潮的影片。

正是他发现问题，主宰命运，对于失误和纰漏零容忍，才有了而今的成就。

克劳迪奥，一个头向下、心向上的国际演说家，他刚生下来便患有先天性关节挛缩症，而且他的头是朝下生长的，几乎紧贴后背，头颈上下颠倒。也许上天对他是不公的，但他确实经历磨难，成为一名出色的会计师和励志演讲家。

他的成功绝非偶然，他的世界不是颠倒，他主宰的命运异常精彩。

自古饱受磨难者大多终成材，只因主宰命运。

耳聋女学霸唐心怡未自暴自弃终获保研资格；无臂钢琴家刘伟未颓废度日终成名家；玻璃娃娃刘大铭未消极避世终有励志。他们无论经受多大的磨难，都在乐观地生活，他们并非一无所有，他们还有一个聪明的大脑，他们没有放弃有意义的人生，他们主宰命运。

很多时候，挫败不由自己选择，但生命的定位与升华应由自己主宰。面对不幸，要敢于正视自我，要知道"谋事在人，成事在天"，生活在尘世，难免好事多磨。但我们不能放弃，要做命运的主宰。

假如生命打断了希望的风帆，请不要绝望，岸还在。假如命运凋零了美丽的花瓣，请不要沉沦，梦想还在。

以梦想为帆，坚持为舵，把握人生的方向，主宰自己的命运！

责任之花，开在修身枝头

孙琪淇

《大学》中说："欲治其国者，先齐其家；欲齐其家者，先修其身。"齐家、治国是每个人的责任，正如苏格拉底所言，每个人不要更多地考虑实际利益，而要更多地关注道德的完善，"更多地考虑国家的利益和其他公共利益"。要做到这些，空谈高喊没有用，我们应从修身做起。

修身，并不是只顾个人利益，而是将家国之责践行到完善自己中去。张居正，宰相中的翘楚，他奋起于寒微，却刚毅深沉，多谋善断，慨然以天下为己任，家国之责在他身上得到完美践行。归于平淡，他依然是位衣着考究、一丝不苟的美髯公，居处一尘不染，行事从不拖沓。生活的细节尚是如此苛刻，政治上的担当严谨自然情理之中。

修身，是为了齐家治国；修身，当以家国为己任。"匈奴未灭，何以家为？"这是霍去病掷地有声的誓言。齐家之责，治国之任，兀然地矗立在生之彼端。在那个刀光剑影、血色阑珊的年代，因为胸怀家国，肩负责任，所以他有了生擒罗姑比，直捣胡人军营的勇气；因为执国为念，心系社稷，所以他不愿因与皇族的"血亲"而独享殊誉，而是驰骋疆场，与士兵并肩作战，将家国之责化为磨炼自己的动力。

修身，需要不忘家国之责，需要脚踏实地，兢兢业业，将生命的本分发挥得淋漓尽致。陈忠实，因感受民族命运的召唤，毅然辞去陕西作协的职务，悄然收拾行囊，重回白鹿原老家，不接受任何采访，不参加任何应酬。冬天一只火炉，夏天一盆凉水，伏在小桌上，践行着作家的本分。四年的寂寞坚守，换来了《白鹿原》的亮丽绽放。修养身心，让他甘于寂寞；治国齐家，让他一肩担起揭示民族历史的责任，寂然辉煌。

现代社会，我们见惯了浮夸功利。但总有人，也需要人，以家国为责任，前进在完善自我、充实生命的路上。于敏在执着科研的空白中奋蹄不倦，"隐身"追求，名就"两弹一星"功勋；农民诗人余秀华不屈服于残酷命运，砥砺身心，充实自我，终于"穿过大半个中国"惊艳诗坛。

孔子有云："士不可以不弘毅，任重而道远。"青春不朽，年轻的我们是未来国家民族的策划师，我们如何修身，修身的结果如何，将是未来的风标。

因此，我们要像苏格拉底所说的那样，"多考虑国家和其他公共利益"，不断砥砺身心，完善自我，让家国责任之花，绽开修身枝头。

无非求碗热汤

盛一隽

我是从 2015 年暑假开始捣鼓美食的，每日爱对着菜谱加上自己的奇思妙想折腾出一堆他人眼中的黑暗料理，然后自顾自地欣然打开聊天框把照片一一发出去。是的，那时候的我还没有多热衷于朋友圈的互动，生活的琐事只爱和一个人分享，姑且叫他 C 君吧。

C 君向来是好脾气，面对一团乱糟糟的图片也能很认真地夸赞我，他说我是一个好玩儿的人。那时的我正逢百无聊赖的假期，家中仅剩我一人，日日做出的东西无论好坏都仅由我一人享受。制作美食无疑是治愈的过程，可他们却忘了告诉你，这也是孤独的征途。所以那时候有 C 君陪伴的我倒显得无忧无虑，一人食、两人享，听上去就是很不错的事情。

我常常和他分享我的想法，他夸我的脑袋里尽是五颜六色的小主意。偶尔几个奇怪的点子也能逗乐他，发来语音不断大笑着。我告诉他做菜的步骤也时不时得到鄙视，他向来是家中的好帮手，厨艺比我也不知高了多少。不甘心之余只好认真与他争辩，很严肃地告诉他以后我才不要洗碗，他答应然后又是一顿善意的嘲笑。

那时候的我们从琴棋书画诗酒花中抽离，与现实紧密相拥，回归于柴米油盐的琐碎，天真地相信许下的诺言就会持久，说着的永远也一定会到达。

日子过得缓慢而悠长，可却没人告诉我们，平静过后隐藏着巨大的浪潮。

刚开学的时候我便和C君断了联系，看似安然无恙的我在每个深夜抱着玩偶哭泣，悲伤席卷而来也不敢太过张扬，只好捂着被子呜咽。那段时间对于食物的要求自然淡了很多，时常吃上几口便回了宿舍，整个人处于抑郁的状态难以自拔。友人看不过眼又无法劝阻，只好拉着我一遍遍吃着同样的美食。不知是食物的力量过于强大，还是受身边人"受困于过往者不得出路"的劝导，我慢慢从这段经历中走了出来。而后也有不错的男生相邀，吃了好几日的圣代也终于放弃。身边人不解，爱询问一句为什么。我笑而不语也给不出具体的答案，大概是因为回归正常生活后，味蕾对于食物的要求过高，做不到暂时的将就。那么，对人，也自然是如此。圣代纵然美味甜蜜，可终归是生活的点缀上不了台面，我更爱的还是莫过于普通的一碗米饭。

秉持这个观念，我开始在宿管阿姨的眼皮下打游击战，偷偷从超市运来粮食给自己烹饪美食。偶尔是鲜香养人的青菜瘦肉粥，也有重口味的火腿腊肠焖饭，时不时来个馋主意也能做上一碗叉烧酱熬小米粥。我沉溺于自己的美味中，渴望用它打造自己的世界。

氤氲的热气里，我时常拿着勺子守在旁边，美食缔造的过程像极了生活，晚点的车、迟到的人都像这电饭煲上的跳闸一样，总会"叮"的一声响起，轻声跟你说句"好久不见"。而在这等待的过程中，不如静静地坐下来给自己做一碗饭、熬一碗汤，这世间最不可辜负的是美食，最不可亏待的是自己啊。

来吧，坐下来，让我为你烹饪一碗热汤或是沏上一壶好茶，赶路的这些年辛苦你了。享受这片刻的温暖，然后继续前行吧。

莫愁前路无知己，天下谁人不识君。

寻找匹配的"引擎"

牛 丹

动力是一切能够推动个人、物体甚至社会行进的各种力量的总称。它可以是由实际事物产生的,也可能来源于人的内心;同时,它能够作用于个人、团体乃至整个社会。但是,能够推动事物向前发展的必须是适宜的、正确的动力,错误的、不合时宜的力量反而会阻挡事物向前发展。

"为中华之崛起而读书。"周恩来总理年少时说出的这句话,给莘莘学子树立了榜样,铿锵的话语犹如一剂强心针,振奋后来人为建设国家孜孜不倦地拼搏,从而给中国带来了复兴的希望。同样振奋人心,给人以动力的话语在中国历史上数不胜数,顾炎武的"天下兴亡,匹夫有责",范仲淹的"先天下之忧而忧,后天下之乐而乐",这些话语激励着中华儿女,号召大家为自己的祖国而努力贡献力量,促进国家繁荣昌盛。

对个人成就有所促进的例子更是不胜枚举。明朝名将戚继光,在平定东南倭寇的战争中为国家立下了汗马功劳。他一直秉承着一个信念:"男儿铁石志,总是报国心。"这便是他平定东南的动力。正是凭着这股动力,他才能在胡宗宪等人接连失败后坚持不懈,最终平定东南,体验坐镇东南的万丈豪情,也正是这股动力,让他成为历史中光辉熠熠的人物。

有充满"正能量"的动力,也有违背历史潮流的反动力。德国

"战争狂人"希特勒出版的自传《我的奋斗》一书，将无数满腔热血青年引导到了错误的路上。那些人将希特勒作为自己奋斗的榜样，以"成为希特勒那样的人"为促进自己前进的动力，最终的下场就是将自己年轻而宝贵的生命葬送在了马恩河畔。倘若他们能够在正确的动力引导下不断前进，将自己的知识、技能贡献在国家的建设上，将德国建设成世界上的经济强国，就不会沦为二战后惨遭瓜分的战败国。由此可见，正确的动力对个人乃至国家都有着非同凡响的意义。

我们的生活也是如此。拥有一个合适的动力就如同一台机器拥有了相匹配的引擎，合适的引擎能够使机器顺利地完成工作，使用得当还能提高效率；不相匹配的引擎不但完不成工作，甚至会造成机器故障。

所以，我们应当去寻找适合自己的"引擎"，否则就只能看着别人像大鹏一样"抟扶摇而上九万里"，而自己只能"翱翔蓬蒿之间"。

怀旧派也应向前看

李 倍

木心的《从前慢》唤醒了很多人的恋旧情怀。

人们身居日新月异的大千世界，清醒地感知到现在与过去的巨大差异。于是，怀旧派的出现就显得顺理成章了。现实中随处可见：他们情愿蜷缩在城市还未来得及蔓延到的地方，端一把上了年纪的吉他，悠悠唱出过去的美好。

的确，逝去的岁月是一首灵魂之歌，为茫然无措的人带来清凉的慰藉。

金宇澄用上海话写成的《繁花》掀起追捧的热潮。人们在地道的乡音中追随着逝去的乡村，笼统地将过去视为"淳朴"，将现代视为"冷漠"。只是，他们在沉溺于缅怀的同时，似乎忽视了拔地而起的魔都将成为未来的一颗明珠……

但卡尔维诺曾说："记忆也是累赘。"倘若怀旧派们只看见《老炮儿》中"三杯吐然诺，五岳倒为轻"的老派英雄，不顾身边的忠义好汉；只留恋老一辈实在而娴熟的技术，而忽视了如今正在悄悄滋长的"工匠精神"，硬着头皮逆流而行，一味地被过去蒙蔽，漠视此刻及未来的大好光景，岂不是自我刁难吗？

正如叔本华所说的："与其缅怀那些逝去的往昔，不如好好把握每一个当下和此刻。"

过度的"怀旧"反而是一圈枷锁，幽禁了前进的步伐。

在萨特致加缪的悼词中，言辞极为简练，未过多沉浸于尚未消散的阴郁氛围中，寥寥几句叮嘱，凡事向前看，反倒让人感受到了这份友情的真挚。

放在中国看也是如此。"乡土中国"固然是好，毕竟历史的大厦需要我们悉心保护。但中国的发展，就只能局限于利用乡土中国的文化道德对抗现代性的疾病吗？难道我们要向现代化说"不"吗？

答案显然不是。如果坚持对现代化的反叛，对乡村化的盲从，也与那些失了尺度的"怀旧派"无异了，反而会阻碍国家崛起的进程。

怀旧固然无错，恰如现代发展的警钟，警醒人们不要肆意妄为，不要迷失自我。但怀旧派在以过去为鉴的同时，也需向前看，跟随时代的步伐。多一点儿希望，才能拥有一个更美好的生活呀。

只为最后一击响彻云霄

陈 天

尼采曾有言:"谁终将声震寰宇,必长久深自缄默。谁终将点燃闪电,必长久如云漂泊。"静水流深,沉静方可孕育奔涌的力量;聚沙成塔,积聚才能成就恢宏之美景。正如一面经过千锤锻打,一锤定音的锣一样,正是因为慎重对待最后一道工序,才使锣声喧天,臻于完美。

世事如棋,一着争来千秋业;年华似水,几时流尽六朝春?百年清源,沉默中爆发的专注力让他刻苦钻研,任灵魂在沉思默想中寻求光明。既然选择了围棋,留给世界的,就只是那一个萧索的背影。一枰亏成,两奁黑白,吴清源在黑白世界里逐鹿厮杀,不懈探索得失之道。导师濑越曾在回忆录《围棋一路》中充满深情地回忆:"世人只简单把他看作天才,我却对他了解颇多。现在的年轻人兴趣太多,而吴清源的世界里只有围棋。无论什么时候,他不是坐在棋盘前摆弄围棋,就是在看书。"天才背后,是经年日久的刻苦钻研,是万籁俱寂的默然思索。黑与白的思忖牵绊住他一生,终成"围棋之神""昭和棋圣"之美名。

沈从文曾道出这样的困惑:"凡事都若偶然的凑巧,结果却似宿命的必然。"偶然何以成为必然,归根结底,是无数细小的努力不断积累,成为我们向上攀登的垫脚石,引领我们,去摘取那"必然"的结果。

当东野圭吾终于卫冕推理小说三冠王的称号,想必他也不得不感激那个曾默默坚持,不懈耕耘的自己。连续三次入围直木奖却都与之无缘，他被讥讽为"被直木奖厌弃的男人"。然而，他在推理世界里摸索前行从未止步，在复杂人性中洞若观火永不畏缩。大胆地突破本格推理框架，他深刻探讨人性善恶，终成《嫌疑人X的献身》这一难以逾越的高峰。被尊为新一代推理天王的他，面对镜头，坦言"我一直处于很不安的境地"。

  成功需要的是千锤的积累加上一锤的升华，两者不可或缺。如同屠呦呦几十年的坚持、上百次的失败，终于与青蒿一握，碰撞出福泽后世的新型药物；如同沈从文永不放弃的毅力，让他得以与边城的美好相遇；如同小李奋斗多年，终抱奥斯卡小金人……我们，难道不能从中获得什么启示吗？一个国家亦如此，我们的祖国日益强大，少不了历史的洗刷，少不了改革的浪潮，一个国家也需磨炼与定音。

  是的，成功，必须有千锤积累，一锤升华。

打破界限

姜 颖

如果说生命是一座庄严的城堡，那么，打破界限的就是那穹隆的尖顶；如果说生命是一株苍茂的大树，那么打破界限的就是那深扎的树根；如果说生命是一只飞翔的海鸟，那么打破界限的就是那扇动的翅膀。不打破界限，生命的动力便荡然无存，不打破界限，生命的美丽便杳然西去。

陶渊明冲破了世俗，归隐田园，成就了人生的辉煌。悠然南山，饮酒采菊，作品和精神达到顶峰，在中国古代文学史上勾勒出绚烂的一笔。他不为五斗米折腰，为中国诗坛留下了一个遗世独立的五柳先生。陶渊明因为勇于冲破世俗，远离腐败的官场，与阿谀奉承背道而驰，回归田园，才创作出了许多恬淡悠然的诗文，成为田园诗的鼻祖。

尼克·胡哲突破了身体的极限，自强不息，让残缺之躯喷涌出成功的泉水。他天生没有四肢，但勇于面对身体残障，用他的感恩、智慧以及仅有的"小鸡腿"，获得了两个大学的学位和两个世界公益组织的总裁，活出了生命的奇迹。他突破了身体的界限，不自暴自弃，用顽强的毅力打破这残疾之躯所带来的诸多障碍，不断拼搏，终于赢得了事业的绽放，也向世界传递身残志坚的正能量，谱写一幅天行健，君子以自强不息的励志画卷。

廉颇打破了自负，负荆请罪，成就了历史上的一段佳话。渑池会后，蔺相如因为有功被赵王封为上卿，官职比老将廉颇还要大。廉颇很不服气，就想给蔺相如难堪。蔺相如却尽量避开廉颇，别人都以为他怕廉颇，可是蔺相如却说他连秦王都不怕，又怎么会怕廉将军。不过是因为他和廉颇都是赵国的栋梁。如果他们成了仇人的话，赵国就危险了。这话传到廉颇耳里，廉颇非常惭愧，他便袒露上身，背着荆条，亲自到蔺相如家去认错，两人于是成为生死之交。廉颇正是因为勇于推倒自负的围墙，负荆请罪，才成就了"将相和"的美谈，成就了赵国的霸业。

　　柏林墙的倒塌促进了东西德的统一。推倒围墙，心会飞得更远，打破界限，会收获成功。

有所畏，才能无畏

王嘉红

从某种意义上讲，内心有所畏，才能做到无畏。船害怕葬身海底，但在面对惊涛骇浪、险滩暗礁时，它乘风破浪，殊死一搏。不正是因为有所畏，才无畏吗？

有所畏，才能无畏，看似矛盾，却又有一定的道理。内心畏惧某个事物，但又不得不面对。当它来临之际，你是"逃跑"还是"战斗"？是"死亡"还是"爆发"？逃，逃得掉吗？死，那你为什么要活着？所以，你只能爆发，只能战斗，不能畏惧，更不能逃脱，只能像个勇士一样去战斗，战斗将是你唯一的出路。船会葬身海底，它也会害怕，那相比而言，惊涛骇浪、险滩暗礁，又有什么可怕的呢？同样，人害怕死亡，那在死亡之前，一切的艰难险阻又算得了什么？我们又有什么理由畏惧不前呢？人只要活着，就应该无畏。这便是在最大的畏惧之下，面对那些小小的挫折困难时，都不必畏惧。

至于为什么心有所畏，却又能做到无畏呢？我想，或许有两种可能。其一，在临行前已做了最坏的打算。作战在前线的士兵们，他们难道不畏惧死亡吗？他们也怕，但在从军之前，已做好了随时牺牲的准备。他们勇敢杀敌，无所畏惧，正是因为在他们心中已建立了一道坚不可摧的心理防线。其二，为了民族大义，直面内心恐惧。百日维新失败后，谭嗣同甘愿为其流血牺牲。谭嗣同，一个文人，一介书生，难道他不怕死吗？我想他是害怕的，但他作为一位改革者，为了民族复兴，他直面清政府的压迫，直面死亡，甘愿为改革流血牺牲。那一刻，他毫无畏惧。总之，尽管心有所畏，但因为心中怀有信仰而变得无畏。

人生路上，"有所畏，才能无畏"的含义应作为我们面对艰难险阻时的一个信仰，引领我们直面生活中的挫折。生活中处处充满着"荆棘"与不可预料的"暴风雨"，倘若在临行前，就做出了最坏的打算，并敢于直面现实，直面内心恐惧，勇往直前，像船只一样乘风破浪，像勇士一样披荆斩棘，那一定会成为人生最终的赢家。"有所畏"更是对内心时刻的劝诫，它告诫我们，倘若不奋力向前，就会掉进畏惧的漩涡。于是，在没有退路可言的道路，内心变得坚毅，还内心一份镇静，一份从容，一份勇气。

有所畏，就是要直面内心的恐惧，直面最残酷的现实，存一份告诫，无畏于小挫小难，不被小挫小难打倒。有所畏，方能无畏。

在传承中创新

陈 明

世界之大,无奇不有。万春小学的剪纸博物馆成立,这样一次"携手非遗,相约传统"的活动迅速热腾起来,吸引着我们的眼球。而从剪纸艺术来看,融生活气息和文化韵味为一体,体现了一种创新意识。

就像万春小学的孩子们大胆使用黑黄绿等颜色,与传统剪纸以红色为基调不同,孩子们的剪纸有了更鲜亮的视觉效果。这样加入新鲜元素,使传统文化更加接近我们现代人,也使我们更有兴趣,更加喜爱。

创新,无疑是解决问题的良方。在我看来,挽救我们传统文化的根本办法不在于保护,而在于创新。恰克·帕克尼拉曾说过:"人都有一死,活着并不是为了不朽,而是为了创造不朽。"同样,事物也是如此,只有打破常规,改变思维,才能让"新"占据一席之地,收到意想不到的效果。纪录片《我在故宫修文物》借助网络,通过各种创意文化作品,可以让深埋在历史中的博物馆拓展出大量新空间,让人在潜移默化中领略传统文化精华的神韵。

当代中国,缺少的不仅是"剪纸博物馆""故宫修文物"这样的创新,更加缺乏的是像影片制作人、万春学校管理者这样的人去推广这类创新性的思维。从目前中国发展的大背景下来看,传统的应试教育难以培养出创新型人才,中国人保守的思想观念难以使创新型产品在市场中生存,中国也由此沦为了世界工厂,并被扣上了"山寨大国"的帽子。一味模仿他国的技术和产品终究不是问题的解决之道，不想故步自封，我们还得具备自主创新精神。

创新驱动战略更应落到实处。我国早就提出从"中国制造"走向"中国创造"的口号，当嫦娥、天宫运载火箭发射成功之时，当银河计算机运行速度再次打破世界纪录时，"创新"正在成为中国的最强音。

剪纸艺术的流行，不是哗众取宠；卖萌的标题，不是重口味。他们是尊重创新，重视创新。走在创新之路上的中国，更需具备这种精神。

点赞，不能代替思考

王 雯

"你在热闹的餐桌上发着微信，我在拥挤的车厢里为你点赞。"这无疑是处在自媒体时代的我们驾轻就熟的一个动作——点赞。古人云："博学之，审问之，慎思之。"点赞，即思考？非也。

龙应台说："现代文明引领我们向上，向上。"的确，随着科技不断进步，人们交流的方式也变得丰富多样，微博、微信、QQ不一而足。

囚禁在繁华都市里的人们从不吝啬对美景的赞美。一缕杨柳垂地，便会惊叹不已；偶见星垂野阔，便深陷其中不能自拔。但这样的点赞，虚浮在界面，丢了灵魂。

点赞，不能代替思考。

昔孔子冥思作《春秋》，东坡细究知人生，贾岛推敲铸佳话，古之成大事者，皆勤于思考。近代大文豪鲁迅先生，被公认为是最有"深度"的作家。倒不是因为他那撇浓密的"一"字胡，而是因为他善于思考。他对国民劣根性的思考、对科举制度罪恶的思考、对封建礼教本质的思考入木三分，发人深省。

深思熟虑，方能成事。写文章如此，人生亦如此。

"自古逢秋悲寂寥"，难道只是因为秋的凄寒而引发诗人们无尽的哀愁？"落红不是无情物，化作春泥更护花"，难道仅是因为满地的落英勾起诗人无限的感慨？非也。赏花望月，听雨闻雪，吟词唱诗……

人生多看，何为？为厚积；人生兼听，何为？为言理。叶落知秋，何为？为思考。人生无穷尽，思考无止境。人的一生总要伴随着思考，人生有多长，思考就有多长！

当然，并非所有点赞都未经思考。2016年2月9日，六小龄童参加北京电视台春节文艺晚会，一切准备就绪，他便在后台等待表演。由于戴的翎子太高，为防止拍摄穿帮，五十七岁的六小龄童蹲伏在舞台一边，剧务拍下照片发到网上。许多网友思考后认为，这种行为体现了一种可贵的敬业精神，纷纷为其点赞。这种点赞因为经过了思考而具有了价值。

这个世界对思考的人是喜剧。村上龙说："我终于明白，真正能够作为支撑自己的东西就只有自己的思考能力而已。"只有思考，才能真正享受人生。

点赞，不能代替思考，我们需要有思考的点赞。

落魄的美丽

钟秀远

中国无论哪个时期，都不乏科场得意的才子，也不乏阴鸷诡诈的政客，但能留下千古绝唱的，似乎更多的是那些郁郁不得志的落魄文人。

"诗穷而后工"，的确，诗词歌赋，书籍文章，至今仍广为流传着，无一不是文人墨客在失魂落魄时倾泻的墨汁。从这个意义上讲，落魄不能不算是一种美。

文王拘而演《周易》，仲尼厄而作《春秋》，左丘失明，厥有《国语》，屈原放逐，乃赋《离骚》，《诗》三百篇，大抵圣贤发愤之所为作也。

南唐后主李煜，四十岁以前也许只是一个有才情且浪漫的皇族，生活悠游。他体会不到民间的疾苦，只知道沉迷于"春花秋月""一晌贪欢"。大宋皇帝挥师南下，五代十国烟消云散，李煜成了落魄的违命侯。天壤之别使他的词作由纸醉金迷转向了沉郁深重。"小楼昨夜又东风，故国不堪回首月明中。雕栏玉砌应犹在，只是朱颜改。"落魄时的李煜明了了金陵玉殿免不了玉解冰消；大厦已倾，繁华竞逐，不过是过眼烟云。正是这种顿悟，赋予了他在文学上的新生。"问君能有几多愁，恰似一江春水向东流"，李煜啊，你品咂出落魄的滋味了吗？

也许在落魄的文人里，苏轼更为人所熟识。同僚的排挤让他无法实现自己的政治抱负，"乌台诗案"让苏轼远离京城。落魄的东坡携妇将雏,躬耕黄州。世事变迁宦海沉浮,就算落魄如此,他仍然发出了响彻千古的仰天长啸,留下了"乱石穿空,惊涛拍岸,卷起千堆雪"的绝响。身居庙堂之高的苏轼满腹经纶,才华横溢,如果没有"乌台诗案",他可能永远无法完成如此华丽的转身,如此释怀的洒脱,在历史时空中留下如此亮丽的一道风景,令后人钦佩、仰慕,不惜为其执鞭。

落魄前的苏轼像启封的美酒,令人陶醉;落魄后的苏轼像尘封的古剑,厚重却内敛,辛酸却洒脱,"一蓑烟雨任平生"。东坡啊,你咀嚼到落魄的清音了吗?

如果不是落魄,张继能否在月落乌啼时听到姑苏城外夜半的钟声?

如果不是落魄,李清照如何凄凄惨惨戚戚,人比黄花瘦?

如果不是落魄,张岱又为何要在梦中雪夜寻找失落的西湖?

落魄也是美丽的,它是一种涅槃的美,这种美往往是与才子共居,何其失意,何其愤慨,何其绝望,何其潦倒,偏要苦中作乐,自娱自乐!

落魄因才子而变得有价值,才子因落魄而留名千古。落魄也是一种美!

君子何为

李苟知

"这世间有两样东西足以令人心震撼：一样是我们头顶上的浩瀚无垠的星空，一样是我们心中崇高无上的道德。"康德的呐喊铿锵，在东方的土地上觅到了知音——那是中华上下五千年口口相传的君子之道，是熔铸在骨血里的训诫。

所谓君子，以明德为心镜，明以律己；以淡泊为心境，望峰息心。

君子明以自律，是无论是否有人知晓都自我约束的坚定。在西班牙的自行车赛中，即使纳瓦罗极有可能在之后的比赛中胜出，他却毅然放弃了这种可能，以沉默的方式将自己的"君子之道"展现到了极致，其实就算他趁机反超，也是人之常情，没有人会责问他，铜牌也将属于他，但正是他这种自我克制、自我戒律的品德让这枚普通的铜牌散发出金色的光芒。

今有自行车手自律让贤，古有苏武边疆坚守十九年。十九年，耗尽的是岁月，磨不灭的，却是苏武一颗忠诚的爱国之心。北方的风雪吹白了他的须发，但他胸腔中燃烧着的火，艳如残阳。即使他叛主又能怎样？李氏虎门忠将，不照样降了？有着李陵叛国在前，谁又会在意他一个小小的使者的姓名，但对苏武而言，"背叛"却是他信奉三十多年的君子之道所最不能容忍之事。即使汉武帝诛其三兄戮其宗族，在西北的苦寒之地上，却仍有一个瘦骨嶙峋的汉子，执牦节缓步而行……

君子明以自律，以明德为心镜，照入挺立的胸腔，是坦荡荡的圣光；君子以淡泊为心境，境界自筑。

当艾斯特万将铜牌戴到纳瓦罗的身上，他却拒绝了。我几乎是可以想象到那个场景的，这位君子微微摆手，像一个英国传统的老绅士一般微躬着身体退开半步，为对方的感激投以一笑——那唇边荡漾开的，是一份如雪松鹤羽的淡泊。林逋闻名天下，就连皇帝也忍不住下旨召对，而面对金丝古墨红缎的御旨，这位淡泊之士的神态与纳瓦罗多么相似：他轻轻将御旨置于桌上，拢了拢手，携一壶酒，不紧不慢地迈开步子，遁入山林，去陪伴那些"梅妻""鹤子"了。两位君子，穿越古今，却秉持着相同的道义。

抬头望望浩瀚星空，低首叩问心中道德：君子何为？有一个低沉的声音横亘古今，从四面八方汇聚：君子以明德为心镜，明以自律；君子以淡泊为心境，望峰息心。

成为你自己

卢 玥

纪录片《我在故宫修文物》在网站迅速蹿红，越来越多的年轻人折服于文物修复人员耐得住寂寞的坚守精神。此种精神实为李克强总理提出的"工匠精神"，在自己的位置上坚守并不断努力。

片中年龄五十有余的师傅王津，因清秀俊逸的气质大受追捧，但他几乎婉拒了一切媒体的采访，称"不要打扰我的工作"；拒绝给粉丝签名，称"我只是一个修表匠"。王津选择了在故宫一隅修表，努力地在其修复师的位置上做到极致。他说："之前我想在退休前尽可能地多抢修文物，现在我准备返聘。"

年少轻狂的维克多·雨果曾发誓："要么成为夏多·布里昂，要么一无所成。"而最后，世人记住了雨果，却没多少人记得夏多·布里昂。雨果最后没变成夏多·布里昂，他就是他。雨果最终自我定位为"自由思想者"，由浪漫主义者渐渐转变为自由主义者。南开大学教授熊培云曾在《自由在高处》一书中提及"三十岁之后，我渐渐认为'要么成为熊培云，要么一无所成'"。

没有谁的人生可以复制，也没有必要去复制，你只需要做最好的自己，在自己的位置上竭尽全力，就好。

获得第100届普利策新闻奖作品《血汗海鲜踢爆奴隶劳工新闻》的作者之一马奇马森曾言："作为记者，没有什么比见证自己的作品对报道对象的生命有如此深远影响更令人欣慰的事了。"是的，作为记者，马奇马森一直记得自己的位置及应肩负起的责任。多少媒体人全然忘记了自己所处的位置与责任。五名美国女记者，跨越几年时间，横跨多个国家，只是为了一篇报道，其间阻力之大令人不敢想象，但她们克服了种种困难，最终揭露了东南亚海鲜食品业中的奴役现象。

事实证明，努力在自己的位置上做到优秀，也是通往成功的一条通衢大道。而那些眼红羡慕于他人成就，打算"东施效颦"，复制他人成功的人们，不如多找找朱德庸所说的"自己的天赋"，在精确地自我定位之后，埋头苦干，"种好自己的豆子"，甭管"他人的花生"长势如何。来年秋收，必是硕果累累。

要么成为你自己，要么一无所成。

请，成为你自己。

找到适合自己的"树枝"

刘 达

"月明星稀,乌鹊南飞。绕树三匝,何枝可依?"这是曹操对人才的提醒:希望他们认清形势,为己效劳。在我看来,绕树三匝,并非枝枝可依,关键在于是否认清自己,看到真实的自己,这样才能找到真正适合自己的"树枝"。

耳畔又响起乌江边上的那首悲凉楚歌,又回想起那个令易安居士仰慕的英雄——项羽。他的结局是不完美的,最终,他别美姬,弃宝马,血洒乌江,多么悲壮啊!但在我看来,悲得可惜啊!如果项羽能认清自己,试着低头,忍辱负重,积聚力量,等待机会,而不是一味地自负,认为天意弄人,弄错自己的位置,那么我想,杜牧感叹的"江东弟子多才俊,卷土重来未可知"就可能变成现实了。

眼前又回映出越王勾践卧薪尝胆的画面,又回想起他感人的故事。即使战败流亡,即使备受凌辱,即使饱受孤独,他仍然坚持,等待机会。因为他认识到了真实的自己,于是,一番卧薪尝胆后,他又东山再起,又有了自己的一片江山。然而,他的结局和项羽一样,也是不完美的。此后的他,没有弄清自己的位置,他也没有继续坚持下去,使自己强大,使国家强盛,而是一味地骄奢淫逸,不理朝政。最终,国家灭亡,他又一次跌倒了,这一次,他再也无法站起来了。多么令人惋惜啊!

这两个历史事件,让你想到什么?是一时的心动,还是深深的思考呢？

其实，这样的事例并不少见。

那个令我敬仰的文人——鲁迅先生。他认识到了当时国家的弱小，并努力改造这个局面。早年的他想用手术刀去医治流血的中国人。但是，实践出真理，他进一步认识了中国的现状，也更全面地认清了自己。他毅然弃医从文，从此开始了他伟大的文化事业，终于成为中国文化革命的旗手，伟大的文学家、思想家。多么令人感叹啊！

那个令许多经商者仰慕的人——比尔·盖茨。他本是美国哈佛大学的一名学生，然而当他感到大学所教的东西并不适合自己时，便毅然离开学校，从事电脑软件研究、设计，终于积累了世界上无人能望其项背的财富。社会在发展，然而道理却没有变，他通过不懈努力，找到了适合自己的"树枝"，使他的生命绽放光彩。

或许你在为项羽的结局而惋惜，或许你在为比尔·盖茨的成就而仰慕。何不想想自己，看到真实的自己，也绽放出属于你生命的那份光彩呢？

看清自己，也许是一个漫长而曲折的过程。但是，何不这样想，当你通过不懈努力，找到真正适合自己的"树枝"时，你又会收获多少呢？那时，你会发现，那是值得的！

我希望，每个人都通过努力，拥有自知与拼搏。那时，光明就在你眼前，在努力过后，你会发现：绕树三匝，此枝可依！

一场戏，一个角色

如果我的青春必须是一场戏，我希望我的角色是一点儿星光，以真诚做演技，用善良化妆自己，不会因微弱而鄙视自己，绝不放弃照亮夜空的努力，热切而真诚地在蒙尘的世间散落着微弱的光芒。

任尔东南西北风

丁庆一

"盘根错节，可验我之才；波流风靡，可验我之操;震撼折衡，可验我之力；艰难险阻，可验我之思；含垢忍辱，可验我之量。"此等人生之厚重，此等世情之沉稳，而古今之所同。今又有一俗语道"有压力才有动力"，亦是此理！

"士不可以不弘毅，任重而道远"，唯有肩负起沉重的使命，使人生泰然，才能任尔东南西北风，我自岿然不动。

人生如江上孤舟，海上孤船，遇风雨之时，如天上雄鹰般无枝可栖，如海中鲨鱼般无鳔可依。只有将船舱灌满，压低重心，才能使船行平稳。人又何尝不是如此？挫折、困顿、危境使我们迷失了方向，乱了脚步，但只要肩负使命，施加压力，卧薪尝胆，必可以由昏惑而寻出方向，由迷茫而觅得北辰，无论顺逆，都可以驶向理想的远方。

"一家猴戏千家乐，四代猴王百年传"，文化的车轮不断辗压，洗尽铅华才能领悟人生的真谛。他，六小龄童，与那位来自东土大唐的使者，肩负起自己沉重的使命，心猿归正，意马收缰，八戒律己，以和为尚，翻山越岭十余载，仰天长啸壮行程！他们用取经精神诠释了，是什么创造了重播三千多次的惊人纪录！诠释了"唯有苦练七十二变，才能笑对八十一难"……

回首苍茫历史，无数仁人志士，迎风而立，岿然不动！

滕子京谪守巴陵郡，没有一蹶不振，而是勇于肩负起文化的使命，使政通人和百废俱兴，于是成就了范仲淹那两句沉甸甸的"先天下之忧而忧，后天下之乐而乐"。曹雪芹遭遇家族破败使他无法飞黄腾达，他将人生倾注于为世间写一本千古名著的责任之中；王安石深知"世之奇伟、瑰怪、非常之观，常在于险远，而人之所罕至焉"。他们明白，远方并不虚无，却唯有有志于承担重任的人，方能至焉！范希文两字关情，曹雪芹红楼梦醒，王荆公变法图强，他们任重而道远，忍辱而负重，常令我辈怆然而涕下！

可叹现代社会，浮躁喧嚣常常惑人心神，然而越是危机四起，越需要我们步稳身沉神凝心定。他人可浮，但你得沉；他人可噪，但你得静；他人可糙，但你得精。唯其如此，他人无法肩负使命虚度光阴无所事事得过且过之时，你却能脚踏大地，仰望闪闪星辰。

我步稳，我身沉，我神凝，我心定，任尔东南西北风，我自岿然不动。

唐诗过后是宋词

袁　野

"借问酒家何处有，牧童遥指杏花村。"

"醉醺醺，尚寻芳酒，问牧童，遥指孤村道，杏花深处，那里人家有。"

前诗后词，内容相似，但论韵味、论意境，还是词更胜一筹。这可作为宋词对唐诗突破的一个小小佐证。

唐末宋初，诗已发展至令人仰叹的顶峰，如鲁迅先生所言，"好诗已被唐人几乎作完了"，宋词创作要再创新意，不落窠臼，确是很难。

但智慧的宋代文人们却另辟蹊径，顺应宋代经济发展、市民阶层的兴起，选择了更便于流传、吟诵、歌咏、更加平民化的词。

于是，词便从"诗余"的角落中缓缓站起，在奔涌的文学洪流中屹立，占据半壁江山。

对于唐诗的精华，宋人视若珍宝，非但没有弃之如敝屣，反而加以继承、发展、创新。宋词继承了唐诗丰富多彩的题材，而错落有致的长短句更能跌宕起伏地叙写；宋词继承了唐诗灵活多变的手法，而宋词的随性自然更能使艺术技艺前承后合，浑然一体；宋词继承了朗读的韵律美，而宋词的时缓时急、整散结合更使人醉心；宋词继承了唐诗或细腻，或哀怨，或豪迈的万千情怀，而宋词的张弛有度更能将词人的碧血丹心表现得淋漓尽致；宋词继承了唐诗变幻莫测的文风，而宋词的包容开放更能使开阔雄浑、清丽活泼、高远广邈、婉约含蓄氤氲于那一阕阕的玲珑玑珠间……

连林语堂先生都感叹："词之为体，要渺宜修，能言诗之所不能言。"正是对唐诗传统地继承和不断地开拓创新，使得宋词在唐诗的万丈光芒下，仍能大放异彩，使得宋代文学得以进步，使得中国文学得以重获新生。

龙应台说："现代文明引领我们向上，向上，但传统就是系着我们的那根线。"

现代科技不断进步，而人们的对于传统纸质读物的热爱急剧下跌，同时无论是读者的阅读素养和作者的创作素养都已跌入前所未有的低谷。

电子书冲击纸质图书，手机资讯冲击纸质报纸。有人说，这是创新。

但，这样的创新会使人丢失对于先贤妙语的领悟，而去热衷毫无营养的低俗的网络小说。这样的创新会使人遗忘阅读时身心的安闲，而只追求感官的刺激和无用信息的堆叠。这是传统的失落。

阅读方式的改变只是顺应生产力变化，而真正可怕的是内容的空洞、乏味，思想的陈旧和倒退，这绝不是创新！创新是思想更深刻，情感更真挚，境界更高远。

唐诗过后是宋词。传统作基，创新作翼，文学方能飞得更高更远。

"老腔",何以令人震撼?

潘文月

千百年来,能够在中华大地上代代相传、贯穿古今的,非民族文化莫属了。文化是民族的灵魂,华阴老腔之所以令人震撼,正是因为其具有深厚的民族文化元素和特色。所以真正令人震撼的是中华民族的传统文化。

当你在北京的胡同里漫步时,总会遇见个推着一车冰糖葫芦,边走边吆喝"冰糖葫芦"的大爷。对于从小在北京长大的我来说,每每听到这吆喝声,心里都不禁有所震撼。当我买上一支,吃到嘴里的时候,红果的酸与冰糖的甜又更加令人陶醉。文化,是每个人内心深处难以触及的一片净土。就像肯德基、麦当劳等国际连锁品牌永远代替不了京城老字号,美国好莱坞大片永远无法代替京剧、皮影戏一样。中国的传统文化吸引了大批外国游客、学者,使他们被中华文化所震撼和同化。

当沿着城市中轴线行走时,你可以体会到贯穿京城的对称感,更会被这种建筑文化所震撼。北京不是随随便便就建成的,她是经过了几百年风雨才有了今天我们所见到的模样。沿中轴线往北,你会惊人地发现,北京城对称轴早已令世界震撼。即使是现代建筑的鸟巢、水立方,也要遵循这个古老的文化,坐落在对称轴两侧。文化,让世界为之折服。

还记得八年前,北京奥运会开幕倒计时的时候,上百人同时击缶的壮观景象吗?古老的乐器配上现代的灯光效果,成就了一个令世界震惊的奥运会。从倒数十秒到焰火漫天，缶发出的吼声，震撼着每一个中国人的心，实现了中国百年的奥运梦，抒发着每一个国人的民族文化自豪感。这就是文化赋予其中的力量。

　　文化，是一个抽象的概念，而文化的现象十分丰富：民族艺术、传统小吃、民族服饰、地域建筑都是文化的一种表征。你不需要刻意去认识了解文化，只需要用心去感受身边的一切，你就会发现自己的内心早已被文化所震撼和滋养。

东风夜放花千树

李 彦

当老年市民只因根本记不住说不出的"洋地名",在自己土生土长的家乡迷了路;当出租车司机找得到街道找不到其间小区"挪威森林";当"玛雅生活馆、名古屋、香榭丽舍"等各种外国地名在我国城市小区层出不穷,我悲凉地看到我们用心守护千年的传统文化又向瓦解的边缘移动了一步。

篱院春花,楼台秋月,时间流去无痕,我国的传统文化却如同颗颗璀璨的明珠,掷地有声。辛弃疾有诗云"东风夜放花千树,更吹落,星如雨"。千年历史,我国的传统文化正如那绽放在夜间的繁花,摇曳在历史的长河,伴着经年往事,一路迎风傲然盛放。

"千丈之堤,以蝼蚁之穴溃;百尺之室,以突隙之烟焚。"

不是只有英法的火烧才毁掉金碧辉煌的圆明园,不是只有战争的子弹才模糊掉万里长城的雄伟,民众疯抢焚后圆明园遗落的珍宝,村民把明长城的材料挖去做砖石做植树用的"鱼鳞坑"。一处又一处的历史遗迹在顷刻间湮灭,一段又一段的传统文化就这样消失殆尽。聚众性的破坏行为固然损失巨大,令人不齿,可难道个人的不保护与不在乎就不令人心寒了吗?

想要风采如故,传统文化的传承则必要我们每个华夏儿女的诚心守护。

从之前明目张胆地烧古书拆古城,到今天疯狂使用洋名作地名;

从圣诞节在我国一年年越发盛大,到韩国竟然将端午节成功申遗;从重阳节被渐渐遗落的茱萸,到春节贴对联的人家越来越少……我亲爱的同胞们,当我们对自己的文化都丧失自信,当我们都失去研究自己文化的能力,我们还有何资格说我们真正领悟了别人节日的内蕴,真正读懂了那些洋名背后的意义?

先知己,后及彼。懂传统文化,方扬我中华。我们必须牢记,只有传承并发扬好我们自己的文化,才能真正获得世界的认同,才能获得探知世界的机会与能力。至近而至远,方能知繁知简,明深明浅。

纵观四邻,我国文化,韩国"借走"的不少,而日本更从我国古文化中学到了制定国家制度、学到了城市建设、学到了礼仪、学到了文学精髓,而难道作为源头主人的我们,竟要自己放弃这优秀文化的传承吗?2014年9月9日习总书记在考察北师大时,对中国古代经典诗词和散文从小学课文中去掉的现象,就毫不掩饰地表示"很不赞成",并直接说:"'去中国化'是很悲哀的,应该把这些经典嵌在学生脑子里,成为中华民族文化的基因。"我们具有非常优秀的文化传统脉络,这是一种世界精神,是维系我中华民族向前发展的内生力量——它经得起平淡的流年,经得起巨变的桑田,经得起时代的考验!

不喧嚣不自傲,是我们谦恭的表现;但若不传承,则是懦弱的表现。

不深不浅种荷花

匡 悦

国内一大批洋地名的兴起，固然是开发商刻意为之，却也应知，开发商此举无疑是为了赚足购房者的眼球。无论是玛雅生活馆还是地中海印象，其目的都是逢迎大众。这恰恰反映了当今国人对待外国文化的态度。

人类文明革故鼎新，千百年来薪火相传，存续不断。文明之所以灿烂，是因其多元。但如何正确去处理本国文化与外国文化的关系，是一个重要的命题。若以荷花比喻外国文化，那么我们就应该像清代诗人阮元所说的：不深不浅种荷花——不过分偏爱亦不全盘否定。

荷花若种得过深，便没有"香远益清，亭亭净植"。

大众何以崇洋媚外，将这荷花种在深处呢？实乃社会大势所趋，大潮所致。哈韩哈日，欧美范儿层出不穷，仿佛中国文化再也激不起时尚潮流，心中涟漪，仿佛它是落后的，是不高大上的。先有亚投行之女金刻羽以熟读原版莎士比亚为荣，再有王思聪微博直言普通话不如英语顺口，更有某地宣传片以"东方巴黎"自称。好似一沾上了外国文化，整个东西都像天使一样高贵。至此，不由得想到钱穆先生当年，为改"M楼、S楼"与校长公然对抗，不知他老先生若知道他寄予深厚期望，要"开此民族之花，结此民族之果"的中国如今之现状，该做何感想？

但是同样，荷花若是种得太浅，便没有"荷花入暮犹愁热，低面深藏碧伞中"的垂帘娇羞。

面对开发商取名之道，社会上厌此者亦不胜枚举。鲁迅先生在《拿来主义》中就写道："如果反对这宅子的旧主人，勃然大怒，放一把火烧光，算是保存自己的清白，这算是浑蛋。"如听今朝有小孩说为了爱国，所以英语不及格，也只能付之一笑了。

余秋雨说："中国文明能作为四大古文明中唯一不间断流传至今的文明，是因其有海纳百川之力。"高山何以成就巍峨？是允许山石堆积的心态。大海何以成就壮阔？是收纳百川的胸怀。天空何以成就辽远？是任凭白云流转的博大。中国文化何以源远流长？乃其不深不浅也。

作为新时代的青年，我们应该有"欲求木之长者，必先固其根本"的自觉，也应该有全球化的眼光，面对各式各样的洋地名，不惊讶，不狂喜，不贬低，不嘲讽，只像鲁迅先生说的："他占有，挑选。"不深不浅种荷花，无论是中国文化也好，外国文化也罢，都必须在最适合的位置，才能开出最娇艳的花。

享文化之繁华

田梦涵

落日熔金，暮色四合，乘一叶扁舟，来到历史的彼岸：与苏轼探讨人生的渺茫与伟大，与陶潜共享戴月荷锄归的美好，与李煜分担愁如东流之水的感伤……用一指墨香，览尽文化之深邃与灵动。

文化从那翻滚激荡的黄河开始，便根植于我们的心田，镌刻于我们的基因。那寓意吉祥的中国结，那元宵佳节的灯谜，那美轮美奂的华夏庭院……无一不是珍贵的传统元素。而伟大的中华民族也正因这博大精深的文化而愈发绚烂壮美。

把文化作为生命的行囊，便让灵魂与文化一道，穿行在历史的音符与文字墨香之间。

文化，流淌在悠远的箫声中，诉说着哀怨与愁绪；文化，弥漫在阿炳的二胡中，叹尽人生的跌宕起伏；文化，流转于锦瑟之间，轻拢慢捻之中净化了内心的污秽……本无生命的乐器与乐曲结合在一起，便成了文化的载体，寄予着心灵的世界，承载着厚重的文化。

不仅仅在丝竹间，文化也在素净的宣纸上蔓延而来。张大千匍匐在洞底绘出的梦幻敦煌，诉说着那千百年前人们的信仰；齐白石着力画出的自然风物，传达着生命的灵动；壮观的《清明上河图》，刺激着审美的神经……中国画中的水淡云轻，妙手丹青的一点一描，宕开的不仅仅是墨，更是深厚的文化底蕴，文化之魂由笔底传承。

同样，龙飞凤舞的字亦为文化之腑脏：颜真卿规正而又洒脱的笔锋，王羲之隽秀玲珑的字体，张凤子如丝带般拂过的清新之风……无一不是文化的符号。一笔一画蓄内敛，却掩盖不了笔底的雄浑洒脱，那笔锋回转之间亦彰显着文化之典雅厚重，如深潭微澜，如雪底苍松。

  文化如辽远的江海，包容着一切。既有张若虚"江月年年初照人"的美好幽深，又有苏东坡"起舞弄清影"的缥缈烂漫。那篇篇诗词，字字珠玑。诗人惜字如金，落笔生花，留给世人一片芳华。

  文化之美常浮荡于我心间。那里有轩榭廊道，那里有至臻服饰的绣扣，那里更有吟唱千年的戏曲……那是中华文化之精髓，炎黄子孙之傲骨。它如枝头的梅花，傲吐芬芳。

  愿乘文化之舟，度文化之沧海，畅享那份美好与真挚，低吟文化之妙语，歌吟一生，幸福一生。

  这样的行囊，希望我们共同拥有，共同打造，共享文化盛宴。

汉语文化也需与时俱进

徐珊珊

前段时日,第六版《现代汉语词典》在其正文部分收录上百英文缩写而引发热议。有人将这视作对中华文化的背叛,也有人认为可以收录但不应如此直接……但我认为,此举动仅是对当下语言现实地面对与承认,实在无须大惊小怪。

中华文化博大精深,源远流长,其中汉语文化更是华夏民族智慧的结晶,珍贵的文化遗产。然而,汉语文化也需与时俱进。NBA、WTO等英文缩写词切合当今时代的发展潮流,将其收录于词典中仅仅是对当下语言现实地面对与承认,是对部分外来文化的吸收与融合,也是在"对外开放"的基本国策下汉语文化发展的必然趋势,实在是谈不上"背叛"。

再者,对部分外语缩写的收录更是体现了中华文化的包容性,有利于民族交流和相互理解,也有利于文化的多元化发展。古有张骞出使将汉文化播种西域,郑和下西洋将中华文化带入西方,促进了中外文化的交流和融合;今有莫言借鉴西方作家马尔克斯的写作手法,以中国传统文学为出发点,在中西双重视野中创作出具有世界意义的小说,将中西结合的写作风格带入大众视野,同时也极大程度地促进了中国传统文学的发展。汉语文化也需与时俱进,在中西双重视野中发展的汉语文化将更能适应社会需求,更具有世界意义。

也许有人会说,收录外语缩写将威胁到汉语的地位,我认为这种担忧实在是没有必要的。俗话说:"莫看江心平如镜,要看水底万丈深。"从表面上看该举措似乎涉及文化安全,但仔细想想也并非如此,中华上下五千年,汉语文化更是博大精深,收录英文缩写这样的规模和形式根本不足以撼动汉语的根基,所以,也无须大惊小怪。反而,我们应该为这一进步感到高兴、欣慰。

　　传承了中华的汉语文化,也需要与时俱进,只要其内涵不变,依然可以慰藉人们的心灵,依然可以丰富人们的思想,依然是华夏民族无可替代的珍宝!

享一程浮生的盛宴

孙梓涵

行一程，醉一程，梦一程，醒一程。我从千山万水奔走而来，和那一路追随而来的风，和那斗转星移的昼夜，只为你而来。

如果，你也曾听到过一朵花儿的倾诉，你会知道，没有什么比努力地享受更让人如沐春风。我们都是茫茫宇宙中的遗孤，我们享受着身边的一切。我们享受着阳光的照耀，享受着微风的吹拂，享受着雨水的洗礼，享受着一抔泥土的芬芳……

沃维纳格曾经说过："生命苦短，但这既不能阻止我们享受生活的乐趣，也不会使我们因其充满艰辛而庆幸其短暂。"为何，我们不褪去那一身的世俗烦忧，行走在阳光下，享受自然所赋予我们的一切，享受生命所蕴含的奇妙。

然而，人生在世，不过短短数十载，若只用来享受，岂不是虚度。人生，若不经历些许的风浪，岂不乏味！我们并不是安于现状，而恰恰是要在风雨中学会享受，在轰轰烈烈的人生中学会享受并寻找那一份坦然。

颓废如旋风般席卷了当今世界，还来不及防备的自己，不经意间已被卷入其中。记住，我们是享受生活中的乐趣，享受生活中的苦难，而不是荒废掉整个青春。

人生，长也罢，短也罢，若是仔细地品味，慢慢地享受那一抹流连于唇齿间的沁人心脾的甘甜，也就没有遗憾了。

孤夜，难眠。我不曾想到，夜深人静时，对你的思念，会如潮水般蔓延。去年盛夏的一天，永别了你的笑颜，让我看到了我与天涯的距离。生命的脆弱，让我无能为力。我在享受，享受这奇妙的生命所给予我的全部，痛也好，苦也好，或许有酸亦有甜，我不知道除了把它们变成一种享受，我还能做些什么。趁着年轻，趁着微风习习，趁着阳光正暖，合上双眸，享受万物吧！享受生命，享受自然，享受纯真，享受从指间、从发间、从脸庞流走的岁月。

人生在世，宛如一出舞台剧，大幕拉开，台上水袖当舞，唱腔嘹亮，生旦净末丑一一过场，最终或默默落幕，或华丽谢场！在那易逝的年华里老去，在那变化莫测的歌声中飘零，你我都是生命长河中的小花，顺流而下，不知明天会漂到何处。我们漂流在生命的长河里，享受一场说走就走的旅行。

也罢，也罢，韶华易逝。流水青春的岁月中，经历过、享受了，就不留遗憾了。只愿至尽头，再回首，未负那流年，未负你！

思一程，念一程，到头来，不如享受一程……

少数与多数

王雪恺

尼采曾言："作为少数派，注定要孤独地走完别人所无法走完的路。"

索克曼——这位接近上帝的男人，精辟地将这看似水火不容的两股势力联系了起来："当我们是少数时，可以测试自己的勇气；当我们是多数时，可以测试自己的宽容。"至今，一切的历史都是少数与多数的历史，是一张少数与多数的宿命交织的网。

是的，这是上帝对人类的考验，而人类交上的答卷却是残酷的历史。每一股新生的少数派势力崛起之时，迎来的往往不是宽容，而是屠杀，这是受到威胁后的恐惧，是受到冲击后的自卫，这，是人类的本能。以至于连爱因斯坦这位原本的少数派，在生命的最后几十年中，也始终不愿接受量子力学的不确定性，"我不能让这个世界掏空我的灵魂"。

我们每个人都身兼少数派与多数派的双重身份，然而我们不是天才，无法接近于一个彻头彻尾的少数派，实际来看，或许多数派才是我们的本命，但上帝仍给予了我们身为少数派的权利。"天国之门就在那里。"是的，一切就看我们是否有勇气迈出那一步。纵然前方枪林弹雨，也不要畏惧，新世界就在前方，而我们的前辈已经用他们的一生为我们开路。他们始终贯彻着一个信念，有价值的事物总会被人们所铭记。现在正是我们继承先人意志的时候，坚守开拓新世界的理想，向着境界的彼方前进，少数终究会成为多数，彼时，当初的一小步便是人类的一大步。到达境界的终点，世界即我，我即世界，纵然她曾背叛，我也深爱如初，这，便是少数派的光荣!

少数，终究会成为多数，然后，宽容这个世界。

大道至简

晏 莉

"最好的诗人眼里只有面包、真理、酒和梦,只有沿着这条朴素的道路,诗歌才能重返广阔的天地。"那个被誉为复苏了整个大地的命运与梦想的诗人聂鲁达如此定义诗歌。的确,诗歌总是靠日常的温情打动读者,而真理往往藏在至简的生活现象中。

有人在自然中发现了蝴蝶效应,有人在苹果树下发现了万有引力,有人在石头剪刀布中发现了社会循环规律,有人在口红的销售中发现了经济学道理。每一个看似荒诞无理的现象背后一定会有共同的原理支撑——这是我们称之为真理的东西,而在它被称为真理之前,亦不过是普通至极的现象。

大道至简,我们必须用发现的眼睛去寻找生活的真谛。正如搞笑诺贝尔奖的创办者马可·亚伯拉罕斯,你可以不屑于他的庸俗和搞怪,却无法否认那些新奇的创意和想法给观众带来的一次又一次的"头脑风暴"。每一项发明像是对平庸世界的一场颠覆,每一场颠覆背后又是对这个平凡世界的全新认识。而思维与意识的交锋中,世界焕然一新。

不可否认,在发现与实践中有着难以逾越的鸿沟,大多数人总是对习以为常的事物投以不屑和鄙夷的眼光,殊不知熟悉的事物换个角度看又是新事物,新事物总有一天为众人熟知。

伴随着"80后"成长的汪国真也曾因为诗歌过于浅薄通俗遭受非议,他总是直白地写下"既然选择了地平线,留给世界的就只能是背影"这样充满正能量的诗句,没有运用玄虚的咬文嚼字,没有炫耀文采似的堆砌辞藻,没有精彩晦涩的大道理。这是因为他知道生活并不是修辞比喻的组合体,而大多只是柴米油盐酱醋茶。

  生活并无繁杂,大道至简,人间最平凡的故事,真理就在其中。

生在墙内与活在墙外

蔡益书

深巷蜿蜒着，两边的青苔依旧散发着千百年前的绿色。深巷总离不开墙，一条石板路，两堵高墙便是一个幽深的世界。

花褪残红。千百年前，是谁带着忧伤走过那堵墙，激起绿水人家的遐想？谁也不曾想到是苏子，"牵黄擎苍"的苏子，"挽弓射狼"的苏子，"把酒问天"的苏子，随着江水奔逝而去的苏子，我们不曾懂得的苏子。

墙内的历史已随着笑声逝去，墙外的驻足却成了永恒，抚摸着石壁的青痕，深窥着石缝里朽蚀的忧伤。

墙给我们的也许只是一个谎言，当我们开启门，我们看到的也许不是佳人秋千、天涯芳草。可见，未知总能给我们带来希望，一种活在墙外的希望。

当我们开始思考未来，开始慨叹现世，未知总能使我们驻足，我们需要墙外的世界，无论墙里是青衣蛾眉还是金戈铁马，是风雨满楼还是波撼岳阳。我们只在意这堵墙，它将空间分隔，让时光停滞，在历史的鼎沸中保持着变化的恒定。

我们的生命需要一堵墙，它没有桃花源的避世，却能带来自然纯净的天与地。

我们需要墙外的生活，活在墙外是一种气魄，是一种拿得起的自信，追寻未来的果敢。

当再也承受不住墙内的纠结，试着活在墙外，隔着墙便能听到世界的喧嚣与美妙。

　　活在墙里，物质指引了我们生活的方向；活在墙外，思想便支撑了灵魂的尊严与伟大。活在思想的深度里、时间的厚度里，当你再叩门走入墙内，迷惘已不再迷惘。

　　苏子走入了历史，浅踏的履痕已化为了岁月的尘埃。回首这堵墙，墙壁依旧倒映着大地的青、天空的蓝……

　　活在那堵墙外，让浮躁的心重新踏上梦与希望的青石板。

　　一千多年前，就在那堵墙外，我与苏子做了一个关于生活的梦。

平凡的世界

——余华《活着》的生命启示

李 宁

余华先生在韩文版的自序中这样写道:"活着"的力量不是来自于喊叫,也不是来自进攻,而是忍受,去忍受生命赋予我们的责任,去忍受现实给予我们的幸福和苦难、无聊和平庸。两年前,我对福贵的评价是苦难的幸存者,但现在看来,不完全是这样,因为,他找到了活下来的支撑点——平凡。

于是,我重新翻开了这书,看到了另外一个世界。

一

《活着》以二十世纪中国政治变革下惨淡的革命时期为背景,写了主人公福贵多舛的一生。从四十多年前的浪子福贵,到现在失去所有亲人的老人,他经历了太多的生离死别。我想,他是幸福的幸存者,他用他的一生学会了平凡、适应了平凡。

然而,福贵只是那个时期的社会缩影,妈妈和外婆的经历也让我深刻体会了旧时期"活着"的意义。我妈妈看完余华这本书后,想起了我的外婆,她回忆着:你外婆那个时候很苦,还是在公社靠挣工分吃饭的时候,外公下水种田,外婆养猪、割草、挑花,吃不饱是常有的事,吃的是麦稀饭，麦稀饭里面有小麦的壳，经常硌得喉咙疼，饭也没多少，只能垫垫肚子。尽管他们活着很清苦，但是生活很平静，你外婆总会说一句话：忍忍，就过去了。

她叹了口气，停顿了一下，继续说：我在你这个年纪，你外婆就走了，那个时候，我忽然没有了劲头，做什么事常常心不在焉，没有方向。没有了妈妈，感觉一切都不再有意义了。但是，后来我回过神来，想起了妈妈一直对我说的话：忍忍，就过去了。而且我是家里最大的女儿，我得照顾弟弟妹妹和父亲。那段时光是我最艰难、最难熬的时期了，可我还是坚持了下来，让我撑下来的是一份责任。

外婆，用她的坚忍撑起了一个安稳的家；妈妈，用责任撑起了一个属于她的温暖的世界。她们用她们那一代所独有的经历，言传身教地告诉我，"活着"，是多么幸福的事。

二

然而，在这个平庸已经成为习惯的时代，我们又该如何自处？人活着总是要有希望，若连希望都没有，那么便如同坟墓中死寂的尸骨；若还怀着一丝希望，那么就如坟墓边充满生命的野草。

我从余华那里同样找到了这样一个答案："人是为活着本身而活着的，而不是为了活着之外的任何事情所活着。"这句话让我重新思考自己的定位，它让我开始转变对世界的态度。贫穷常常让许多有理想的人们意志消沉，可我们没有理由去嘲笑他们，相反的，我们要用另外一种尊敬的眼光去欣赏他们，因为在逆境中的人不可小看，厚积薄发的力量是强劲的。所以，我们应该重塑信心，学会坚忍，学会承担，最终延伸自身生命的长度，抵达平凡的彼岸，找到生命的归栖之地。

我知道，外婆和妈妈都在适应着平凡，福贵也是。每一个人在自己的一生中扮演着平凡者的角色，讲述着属于他们不平凡的故事。平凡的时光是来之不易的，每一个正在虚度光阴的人都应该珍惜它。我不禁想起了小时候外婆背着我的情景,她厚实的背是我的整个世界,或许在若干年后,我的背会是妈妈的整个世界。

三

这是十八岁的我对《活着》的理解和对人生的态度。余华先生用一种平静的文字,把《活着》中的福贵打造成一位苦难英雄,活着是他全部的意志,平凡是他最终的结局,这是他的世界。

这本书给了我阅读的成长,给了我在冗杂的世界一个清晰的平衡点。

挡不住的，是信念

——《不死的灵魂》读后感

黄泽辉

1940年的德国汉堡，笼罩在纳粹的"辉煌"之下，迷茫于元首带来的一场场无上的胜利中。但是，已经有人看到并开始揭露这一切的虚伪与罪恶了，尽管，此时他们正跪着，跪在砖石路上。但哪怕空中散着铁十字架带回的北欧风霜，哪怕头顶的枪口森冷，他们的笑容却依旧温暖。从容赴死，无悔离别。

英雄的血还未彻底沸腾便滋润了土地，怎能不让人遗憾？

"树叶要凋零、腐烂而化作肥料，只有这样才能产生新的生命。我们为了美好的未来而死的人也是这样，用一句冷酷的话说就是人类文明的肥料。没有我们的死就没有新的生活，没有未来。"赫尔曼在狱中用所剩的时间与笔墨，安慰妻子。于是，在他之前，在他之后，无数人作别了家人，走出了工厂与农庄，走出了一幅幅华丽的油画，在血与火的背景中，用枪炮去撼动黑暗，迎接期盼的光明、幸福与自由。

这次，我真正感受到了一场不同以往的战争。没有进攻，主角们等着被杀戮；没有硝烟，刺鼻的味道被眼泪洗涤一净；没有忏悔，他们极力追求无愧于己。他们有着无比坚定的信念，正如他们对自己亲人说的那般："光明和黑暗的不断更替，这就是自然界和生命。即便是最黑暗之处，一旦太阳升起，也会重现光明。"他们绅士般地断了自己的牵念，于是无所畏惧地前进，直到离去。

是什么样的向往才能支撑这一切呢？

巴顿曾说："战争会造就英雄豪杰，会荡涤一切污泥浊水。所有人都害怕战争，然而懦夫只是那些让自己的恐惧战胜了责任感的人。"但那个时代已然逝去，就算是污泥也早已沉底，就算是浊水也早已归海，该留下的，也只有刻着"并不徒然"的墓碑了吧！

但愿，岁月可以毁去他们的躯体，但抹不去他们的精神。

或许，战争是美丽的，因为寄出的家书，难得的安惬，无畏的英雄，人性在一片片如茵的无际原野上如雏菊般绽放，人们看到的只有重生，以及瞳孔中灵动的风景。在这个时候，才能告诉他们，没有任何事情，可以摧毁和平。

时光浅行，你却不再

——读《越人歌》有感

岳 阳

嫣心缕缕，烛火莹莹，掬一捧清流，歌一世情愁，穿越山河如画，漫步岁月苍穹。此时此刻，是否还可见你一如既往的容颜，今生今世，不知还能否剪一段烛光，和你纵情山水，笑谈人间。

我泛舟江雪，你寒梅一剪，莞尔一笑间，又有多少红尘是非随风而逝，被那些面似清风的不羁儿女消逝在记忆中，连同那些曾经悲痛的，一同抹去。

风和水秀，高楼亭阁，荼蘼茶盏，青烟萦绕。远方，一叶扁舟，他遇见了她。你我眼中含情，江水同舟，此情此景，此时此刻，把忧愁隐没在波澜之间，流水的霞光映着你笑靥如花，那一刻，我愿为你而悲，而痴，而狂。刹那间，不知是谁落入了谁的网。

山有木兮木有枝，心悦君兮君不知……

一曲轻歌，一拨琴瑟，一韵笙箫，一音桑波。越女一曲，山花烂漫绽放，蝴蝶迎声飞舞，鄂君的心也为之动摇。相传，结局是越女鄂君心意相通，鄂君明白了越女的心，微笑着带着他心爱的姑娘离开了。

这便是古时那般唯美而又动人心弦的故事，像童话般，虚幻而又美好。

可是，谁又能明白后面的故事又是怎样的呢？文字将我们带到了一个幻境当中,轻信至死不渝,天荒地老。为鄂君越女的相知相明而陶醉,可谁又能明白,那心曲是多么寂寞,有多少离愁。世间又有多少东西,叫作永恒。

曾经他爱的那个她,像柳絮一般,自由纯洁,随风舞蹈,那种美,那么自然。她似水清澈,若莲娇艳,如露晶莹。但宫墙之内,没有自由,剩下的只有仆人的低声下气和夜半钟声的凄凉无奈。

越女的心有多冷,只有她自己知道。

她将毕生留给了那个华丽的牢笼,舍弃了那片曾经属于她的天空。这,就是爱。她将愿与心揉进秋波,随船桨击打水声暗自消逝,那个曼妙婀娜的背影,隐带着微笑中的苦涩,孤帆远影处,朦胧月色,细雨如烟,总是让人浮想联翩。

有些人,有些事,本不想与其纠缠到底,但后来发现一切都是身不由己。曾经有那么一刻,为他倾尽一世直至最后一刻,一切的一切,将这份爱渲染成了坚贞与痴迷,心,将它纯净成了美好,清洗成了曾经。

"在灯火逐盏熄灭,歌声停歇,在黑暗的河流上被你遗落了一切,终于只能成为星空下被多少人静静传诵着的,你的昔日我的昨夜。"

回忆只能是回忆,曾经终究是曾经,而你我,早已错过了无法重来的永远……

"你仍是你,我仍是我,而我们早已不再是我们。"

献给城市的爱情诗

——读卡尔维诺《看不见的城市》

邢逸旻

把整本书拿在手里，翻来覆去仔细地看，我不敢相信这只是一张张二维的纸页，轻盈，精致，绵延，强烈立体感扑面而来。

历来有关《看不见的城市》的研究论文大多针对叙事艺术，这的确是读完整本书后观感中最清晰的回音。除此之外，我还想谈一谈"看不见的城市"本身。正如卡尔维诺所说："我认为我写了一种东西，它就像是在越来越难以把城市当作城市来生活的时刻，献给城市的最后一首爱情诗。"

它诞生的方式很特别。

它来自一个文件夹，装满关于超越于空间和时间的想象的城市的纸页。卡尔维诺把这个文件夹带在身边，断断续续地写。卡尔维诺在城市里写城市。最初，它随着心情和经历更迭，但"所有的一切最后转变成了城市的图像"。这些零碎的纸页被归类、排序，在形成一本书的过程中，以"相互交替，相互交织"的结构第二次被书写。

卡尔维诺说，他写作这本书的目的就是"要发现使人们生活在这些城市中的秘密理由，是能够胜过所有这些危机的理由"。比如他写了一个叫作扎伊拉的城市，有着高大林立的碉堡，高低起伏的街道，拱廊弯成弧形，屋顶铺设锌片，可他说构成这个城市的不是这些，而是它的空间量度与历史事件之间的关系。在每一个城市都充斥着玻璃幕墙、高架通道、绿化带和红绿灯的今天，该怎么区分呢？该怎么区分北京与纽约，莫斯科与巴塞罗那呢？卡尔维诺为我们提供了答案。如果说城市是一个人，那相似的皮囊下包裹的却是不同的灵魂，是空间量度，历史事件，方言口音，人文剧情。我们要做的，就是如同端起镜子一样，在城市的外观中反映出它们独有的精神特质。

在《看不见的城市》中，卡尔维诺为我们提供的不是模板，而是可能。他描写了五十五个不同的城市，有的辉煌，有的优雅，有的丑陋，有的早已崩溃，有的城市仅仅是城市，它们的存在本身就无法苛责也难以褒贬，它们更像是在城市规划书外的闲闲一笔。对此最为突出的是伊帕奇亚，你必须到马厩和驯马场才能见到骑在马鞍上的美貌女子，必须到墓地才能听到笛子的颤音和竖琴的和弦，必须爬上城堡最高的尖塔，才能等到一条路经那里的船只。因为名字不过是符号，符号不过是语言。人们为每一件事物取名字，可把玫瑰花叫作蜣螂也无损它的芬芳，人们创造了各种事物，忘了在最低矮的茅屋下也可以跳舞。名字能代表什么呢？正因为此，卡尔维诺才写下这个开玩笑般的故事，来提醒我们不要忘记。

在城市本身之外，《看不见的城市》还揭示了另外一个重要的主题，即一个人对城市的认识实际上取决于人而不是城市，正如马可所讲述的故事实际上取决于皇帝而非他自己。李碧华在《霸王别姬》里借程蝶衣之口说："越是在北京，就越是想北京。"正是因为城市带给人的不仅仅是景观，还有一个人在城市的所有欲望和回忆。它是如此独特和珍贵，以至于只能为单单一个城市所保有。你走过了，你看过了，你经历过了，一切都不一样了。而在这些经历之中，你又能通过他人照见包含在你的全部过去和未来中的无限可能。时间远远不是线性前进的，枝伸叶横，人的一生就是在一个个节点间跳跃着。

《看不见的城市》是献给城市的一首爱情诗。当今的城市或许在变坏，但卡尔维诺以他轻盈的笔调，为我们在地狱里指出了前行的亮光。

一场戏，一个角色

——读《围城》有感

项林瑶

在《围城》中，方鸿渐无疑是那种带着玩世的态度处世又有点儿良心的知识分子。在买假文凭这件事上，他也曾内心斗争过，可最后还是虚荣心战胜了良心，他想做个大人物，用光鲜的文凭不仅可以掩饰自己颓废沉沦的留学生活，又在众人面前面子十足；他还想要光耀门楣……这些"好处"似乎能对得起所有人，所以觉得不做倒是件蠢事了。可归国后种种捉襟见肘的行径下的"苦味"，或许只有自己知道。假戏真做，感觉他活得好累。

美国社会学家欧文·戈夫曼的表演人生理论认为人的一生绝大多数时间都是在"演戏"，为了在别人心目中塑造一个自己所希望的印象而表演。青年男女在异性面前竭力表现自己的才华与美貌；律师在法庭辩论中努力展示自己的雄辩；职员在上司进来时尽量表现出忙碌的样子：人生是一场表演，社会是一个舞台。他还把我们生活中的表演称之为"前台"，为前台表演做准备不让观众看到的地方称之为"后台"。人们在"前台"精心表演，演绎完美，却极力避免让人看到"后台"的自己。这种理论，揭示了我们生活的真相：现在的我们，岂不是都在演戏？

但是，如果表演只是为了满足虚荣心，缺乏内心的真诚，那这种表演无疑是廉价的！以真诚做演技，用善良化妆自己，不欺骗自己的表演，才是有价值的表演，这样的演员才是好演员！看看《围城》里的方鸿渐，他回国的每一秒都几乎贡献给了虚伪的表演，自欺欺人，却把真正的方鸿渐给丢在了哪个不知名的角落！世界著名演员、导演、戏剧教育家和理论家斯坦尼斯拉夫斯基在《演员自我修养》中写道："打开灯，端详自己。我看到了完全不是我期待的形象。我在工作时的姿势和手势也并不是我想象的那样。镜子暴露了我以前不知道的身上的那些不协调处和那些不美观的线条。"当我们为了"完美"而表演着时，当我们为了得到观众的认可，赢得他们的喝彩而努力着时，我们真正的自我，就会在不知不觉中与角色同化；我们所扮演的那个角色，也会让真的自我发生改变。于是有一天，当我们照镜子时，我们会猛然发现，镜子里的自己早已不是自己了。

会厌恶自己吗？肯定会的吧！

所以，为什么不能真实些呢？为什么不能热切开朗呢？为什么不能勇敢地做回自己呢？我们活在猜忌与伪装中，有时真的想问，不累吗？方鸿渐是，孙柔嘉也是，他们被困在围城中，想进又想出，不断地伪装出一种完美的样子，可那背后却是伤痕累累啊！

青春年华的我们，到底该是什么样的角色？

我们敏感，唯恐自己的一个无心之举会害得别人难过；我们多虑，做事瞻前顾后，因疑神疑鬼而劳心劳神；我们害怕，害怕别人不经意间的一句话伤害我们脆弱的内心；我们虚假，甚至在父母面前也会掩饰自己。难道这样敏感、多虑、畏缩甚至虚伪的一种人，就是我们青春的角色？

如果我的青春必须是一场戏，我希望我的角色是一点儿星光，以真诚做演技，用善良化妆自己，不会因微弱而鄙视自己，绝不放弃照亮夜空的努力，热切而真诚地在蒙尘的世间散落着微弱的光芒。

《变形记》中的孤独

钱瑞之

当变成甲虫的格里高尔满怀对家人的脉脉温情,抱着自己必须消失的信念,伴随凌晨三点的钟声与曙光在寂静中走向生命的终结,每一位用心细读的人都能从卡夫卡的文字中体会到格里高尔的悲哀、绝望和孤独。

卡夫卡的小说似乎有种神奇的魔力,无论故事情节多么奇诡和荒诞,总能使读者不知不觉地融入进去,并让我们产生强大的心灵震撼。这种震撼来自作品人物所具有的和源自我们灵魂深处的孤独。

孤独,这是卡夫卡作品永恒不变的主题。体现在格里高尔身上,体现在K身上,体现在卡夫卡创造的每一位人物身上。这种孤独的根源在灵魂深处。

当我们认真分析《变形记》会发现:作品中的孤独源于自身价值受到不可抗力的否定。与现代社会许多普通人一样,格里高尔是家庭的顶梁柱,他的父母、妹妹皆依赖其工资生活,而格里高尔很爱他的亲人,这两个条件塑造了格里高尔自身的价值判断——用自己的工作为家人谋福祉。格里高尔的所作所为皆以其为最高宗旨,即使变成甲虫也没有改变分毫。

但卡夫卡残酷地否认了他的价值,通过将格里高尔变成甲虫,使他处于一种荒诞的境地。他无法也不可能为家人谋福祉,即使努力去尝试,家人也无法理解他的本意,他甚至成了家庭的负担。这就造成了现实与其自身价值标准严重背离的情形。

　　起初，格里高尔尝试像没有变形前一样生活，他似乎没有意识到自己的价值已被否定。他想挽回经理，因为不这么做会破坏他的工作——作为他实现自身价值的工具。但周围人的敌对态度让他逐渐意识到自己的处境。自始至终他一直心系家庭，家人的痛苦会引起他自身的痛苦，甲虫的外表下包孕着一颗炽热的人类之心。但残酷的现实让他明白自己无法帮助他们，而造成家人艰难处境的不是别人正是他自己。格里高尔处于一种"无根状态"，他的灵魂在茫茫宇宙间四处飘荡，在原有价值变得无法实现后他找不到自己的存在意义。甚至他自身的存在也被自己所持的价值判断所否决，渐渐地他意识到死亡是他唯一的归宿。当他变成甲虫那一刻，他的命运已经注定。失去价值后无所依赖的空虚与对宿命不可变更的无力感，是格里高尔和《变形记》中普遍存在的孤独感的滥觞。

　　最后格里高尔选择自杀，这一悲剧性的选择是他重新实现自身价值的唯一途径。正如格里高尔所期望的那样，小说在萨姆沙一家欢乐的郊游和对未来美好生活的希冀中结束了，从某种意义上说格里高尔之死是其本人高傲的胜利。

　　随着人类社会从二十世纪初迈向二十世纪中叶，先前沉寂近十年的卡夫卡与其最杰出的作品《变形记》逐渐得到人们的重视。这也从侧面反映了一个问题——与格里高尔类似的处境在我们生活中越来越频繁出现。尼采说"上帝死了"，这并不仅仅指基督教走向衰败，更是指以基督教为代表的、以奉献他人为核心的个人价值体系的衰亡。时至今日，拜金主义之风日益盛行，越来越多的人以财富积累视为其主要的存在价值。可同时又有更多新生的价值判断体系不断产生和发展，冲击着固有体系。一旦自身的价值被否认，无力、痛苦及虚无主义的幽灵在茫茫黑暗中伸出双手，人们的咽喉就被紧紧扼住，将他们拖入无穷的孤独之中。

　　也许，我们要响应尼采那早已被人们遗忘的号召——重估一切价值，来挣脱这种孤独感。

荒野上的人

——《荒野猎人》观后感

陈佳睿

在荒野上倒下的不只是猎人，还有被大雪掩埋的冰冷人性。

我们讶异于格拉斯与母熊搏斗仍得以生还，也讶异于他身上触目惊心的疤痕和内心深入骨髓的痛楚。而这九死一生背后仅仅因为相悖于弱肉强食法则的幸运吗？其中的原因还有两个。其一，人性的懦弱机制保护了格拉斯。不像革命故事刻画的上刀山下火海、无所畏惧的战士，他们只不过是在文学包装之下的"圣人"，而真正有血有肉的人都害怕死神的降临，在我们命悬一线之时，懦弱会控制人的理智，从而激发我们的求生欲。因为怕死，所以要活下去；因为懦弱，所以要用尽力气扣动扳机来守护生命的最后一抹烛火。

与懦弱紧密相连的是人在世间的牵绊。听说人在濒死一刻脑海里会闪现自己的一生，一切生命中的美好与遗憾像锐利的钩子一般温柔地刺穿即将逝去的心。佛语有言"剪断三千烦恼丝"，但有多少人能真正切断生而为人、活而处世的藕断丝连？帕斯卡尔认为"人是一支会思想的芦苇"，而这芦苇之所以脆弱，莫过于因为枝干上缠绕了牵绊的蛛网吧。就像格拉斯，他抛不下不谙世事的骨肉，灭不掉为冤死的妻子复仇的熊熊野心，如此看来，这割舍不断的羁绊也不失为一种救赎吧。

人性好似一片无边无际的海洋，你永远不知道此刻在指尖荡漾的微波,下一秒会不会聚成漩涡吞噬你。正如我们不知道自告奋勇留下来守护格拉斯的菲茨,他实际上是个为利益和欲望所驱使的"刽子手"——人性如此黑暗的一面让我们畏惧,想必是因为我们被身边刻意渲染的"正能量"蒙蔽了双眼,却忘了揭开面具之后的人性也会龇牙咧嘴地露出邪恶的笑容。人的心底总少不了自私和趋利避害的影子——收取贿赂的高官、为了销量而篡改事实的报纸、将自己的快乐建立在别人的痛苦之上的罪犯,甚至是身边对集体利益不屑一顾的同学,都组成了"自私"二字的一笔一画。

  人性的善无法掩盖人性的恶。我们在降生一刻就注定要与人性的野兽为伴——有的人能成功驯服野兽,有的人却会被烙上罪恶的印记,成为野兽的囚徒。结果如何,不过取决于人怎样在荒野上行走。

那生长在路边的草啊

曾凡珂

第一次读夏目漱石，就是《路边草》。我不知道谁是夏目漱石，不知道这本书讲的是什么，只是突然从书架上看到一块墨绿，带着用金边打出的线条状花朵，我知道，那就是我想要的。

读《路边草》，只是一时兴起，翻开书，对应着一个个人物，从淡淡的文字中寻找着他们的记忆。夏目用他的方式展现了一个日本家庭的生活，而同样的，也是每个家庭的生活。没有什么华丽的文字，用最朴实的语言，记录了人与人之间的猜疑、认知，表面和内心。

合上书，回想起一个个镜头，再从虚幻拉回现实，看着眼前自己的家，它的内部又有些什么呢？家，也许是孩子们可以玩乐的地方，也许是学生们希望尽快离开的地方，也许是工作者放下一切疲惫的地方，也许是父母们要付出责任的地方，也许是老人们为自己许下最后一个愿望的地方。

小时候我希望有一个大大的房子，雪白的墙壁，一张柔软的床，还有堆成山的玩具。但生活的压力也接踵而至，越变越高的房价，越来越不好找的工作，让我们这些向往也不得不一点儿一点儿去缩水，最后变成一个点，也要努力去爬，去摘取，知道攀上它，摘取了它，又会发现往上还有更高更远的一个点⋯⋯

《路边草》中的健三，在被前养父要求借钱，面对有哮喘的姐姐、不在意的姐夫、妻子的不断猜忌、经济的困难，他抱怨着，也承受着，生活就是这样，它让你成了它的奴隶，为了它而劳累奔走，而我们无法反抗，只能等待着，向上不断地走，走到你走不动才停下。

我也经历过很多，从被朋友抛弃，再到与其决裂，不尽如人意的成绩，被同学嘲笑的心酸，老师为激励我而进行的打击。家中偶尔出现的矛盾、冷战，对未来的渺茫，对一切的怀疑，看人与人内心的冷漠，面对各种各样向我提出的挑战。我不是没想过放弃，不是没想过舍弃一切奔向最初的自己，但真到了顶楼，被风吹着，看着劳碌的人们，想着我拥有的一切，一瞬间大彻大悟，回过身来，我知道，只要内心还有希望，就不会绝望。

我开始尝试用另一条道路来规划自己，也好不容易找回了自己，拾起了一块叫"希望"的石头，我紧握着它，感受着它带给我的力量，这是我熟知的世界，它还没有放弃我，我就要好好地跟上它的步伐。

有不少人质疑我，也有不少人支持我，但这是我已选择的目标，我有梦想，我不会改变。如同一棵路边的草，虽不起眼，也有属于自己的一片天。健三不放弃，夏目漱石不放弃，同样我也不会放弃。

"在这个世界上，能够真正解决的事几乎是不存在的。事情一旦发生了，就会一直延续下去，只是会以各种各样的形式呈现，使自己和别人都捉摸不透罢了。"健二这么说。但我们都知道，不管碰见了什么，不管经受了什么，永远不要放弃，向前走，总有不一样的生活。就算如路边的草，就算快要枯萎，也终将有风，带着你最后的种子，飞向另一片地，等着你重生。

鸢忆芳菲天

　　我们钟爱春天，因为那时的阳光温暖，不刺眼。寻得一处空旷的田，田埂上零星地点缀着蓝紫色的未名花，那时的孩子不爱叹气，他们笑着抬起风筝，迎着风的方向，用手高高地举起，手中那端牵着的线被灵活地收放，小小的风筝在这三月里带着孩提的希冀飞上了天。如若可以，我愿成为那只纸鸢，在雨停后的春天牵着回忆的线，飞向人间芳菲天。

不活在别人的眼光里

吴 洁

一位年轻人从台湾大学毕业后,又去哈佛、伯克利进修。全部学位修完后,他对身为企业家的父亲说:"爸,我该念的书都念完了,我已经不欠你的了。现在我要去实现自己的人生梦想了。"

他没有像别人期待的那样,凭借卓越的成绩跻身商界,而是当上了面包师。

我很钦佩他的职业选择。不为别人的眼光左右自己的人生追求,这是需要超常的毅力和魄力的。他的行为,正印证了三毛的那句话:"一切随心自由才是应该努力去追求的,至于别人如何想我,根本就无足轻重。"

很多时候,我们总觉得活得很累,只因我们总希望自己能够迎合别人的眼光,渴望在别人面前展现出自己本不具备的"优秀"品质——或对长辈百依百顺,或对上级言听计从。

索尔仁尼琴在《古拉格群岛》中讲了这样一个荒诞的故事:一个小城召开会议,领导发言完毕后,全体起立,热烈鼓掌,直到五分钟后,仍然没有人敢首先停止鼓掌。

其实,听众的掌声大多并不是由衷的,只因周围的人开始鼓掌,有"独立之精神"敢于首先停止鼓掌甚至不鼓掌的人,这时反成了不讲礼仪的怪人。对别人眼光的忌惮,使得这种毫无个性的随大流的做法成了一种"社会传染病"。

亦舒说："不要让任何人在任何情况下影响你的意志，处变不惊，庄敬自强。"长久以来，我们却总爱一味聆听"过来人"的告诫，以他人的"成功"标准来审视、要求自己，规范自己的言行，长此以往，人们往往会迷失自我，以致泯然于众人。

每个人都是与众不同的生命体。应当还生命以个性，而不应在一条既定的四平八稳的轨道上走完一生。中规中矩的人生难有绚丽之处。好莱坞导演诺兰以其想象、夸张、逻辑性极强的风格为观众所喜爱，却不符合奥斯卡奖"大制作、大场面"的标准，但诺兰却不为迎合评委的眼光而改变自己的风格，纵使从未获得最佳导演奖，其作品《盗梦空间》《蝙蝠侠前传》等也足以永载史册。

举首仰望，多少先辈不迎合、不谄媚，才有了他们的星光熠熠；低头深思，我们何妨独立一些，自信一些，在时代的星空中留下属于自己的那一抹亮色。

就如爱尔兰作家王尔德所言：做你自己就好，别人已经有人做了。

你需要生活在某种文明之中

李家吉

你需要生活在某种文明之中。这是令人深思的叮嘱。也许你没有真正思考过这种文明具体是什么,也许你也并不能真正地理解它的价值与意义,但,如果没有了文明环绕你的周围,失却了文明之于你的精神支柱,你会深深地感觉到生活的空虚甚至乏味,因为,物质与世俗总是庸俗而现实地敲打着人们的头脑,当你回归到某种境界时,另一种东西会不自觉地从你内心泛起涟漪,你甚至会感觉到追求的物质会成为你的负担,看着花花绿绿的钱和高档的别墅,你觉得空空落落,你究竟得到了什么,又失去了什么?

这个时候,你突然省悟过来,曾经举起的酒杯中摇曳的不是感情,曾经口口声声的哥不是亲情,曾经为头顶的那个光环奋斗的低眉不是必需,这些,到底是怎么了?于是,你甚至会痛苦地大声喊叫,你甚至会把苦苦追求来的钱财做所谓的慈善,你甚至会面对前呼后拥的生活感到一片茫然,你的心里便不再像为之奋斗时那样激情澎湃,你觉出了低回,你觉出了黯然,你的情绪写在你的脸上时,成为一种苦痛。

你思考着:到底丢掉了什么?那淳朴的儿时玩伴现在哪里?与他们一起赤膊摔跤时留下的伤痕竟然成了你酒后回味的思想起点,可是,他们却远远地躲避着你,不想见到你眼前的风光与霸气。哦,你丢掉的一些东西,又让你不能真正舍弃。你在被簇拥着的生活中,没有了说话的自由,甚至在受到委屈时都不能说一句真心话,骂一句娘,你被所谓的光环与荣誉高高托起，脸上没有真诚的笑，内心的真诚被严肃与伪装一同深深地藏在另一个世界，你想哭却不能，你想喊叫却又不行，你的躯壳成了一个与真实生活隔绝的物质存在。

突然，你被这句话震醒了：你需要生活在某种文明之中。是的，"某种文明"，也许你并不能真正地说明白是怎样的一种文明，但是，你却倏忽间潸然泪下，找童年的伙伴振臂大呼一声，与他们说几句家乡的方言，倾吐你内心的不快与真情；你拨开面罩露出自己的脸，用真实的自己面对这个世界，然后在委屈时说一句难听的话；你把那些所谓的荣誉与光环丢到北海，与他人一道打一壶水烧开了，泡一杯普通的茶，然后静静地看窗外落雪听麻雀吵架想遥远的海啸……

你真的想起来了，一个人需要真实地活着，需要拥有真诚、善良和独立的自我，把自己置身于人来人往的生活世界，用心去体味，用情去感受，这不就是一种文明嘛。

睁开眼看人生

付应锋

在迷蒙中，睁开眼，清醒的我们将会发现人生中最美的风景。雨果感叹道："从梦幻中清醒过来是多大的幸福啊！"是的，清醒之后，在人生路上，我们就不会迷失，特别是在人生的岔路口。

虽然人人都明白保持头脑清醒的重要性，然而又往往深陷糊涂而不自知。我们是幸运的，也是不幸的。如今的生活早已不再是简简单单的吃饱穿暖的问题，科学技术的发展为这个世界织起了一张大网，用这张网，我们能捕获更多的物质的东西。可是，当这张网不断缠绕、密集、扩大，我们就会迷茫、怅惘、不自知，这就要求我们在迷蒙中睁开眼，让头脑清醒过来。对于我们中学生而言，保持清醒的头脑，就是要明辨是非，坚守自我，要能分辨清楚什么是真善美，什么是假丑恶。只有始终保持清醒，我们才能拥有无悔人生。

拥有清醒的头脑固然值得羡慕，但永远保持彻底的清醒，恐怕只有圣人才能做到。唐太宗早年能够选贤任能，虚怀纳谏，堪称一代明君，可是到了晚年，也不免糊涂起来，不惜人力、物力和财力，大修宫殿，招致民怨，为大唐帝国衰退埋下了伏笔。一代明君如此，更何况我们普通人呢？所以，我们不必强求永远的清醒，但面对重大考验，要保持足够的清醒。

然而，要坚守清醒，何其难也。宋代诗人薛嵎写诗曰："独怀忠愤赴湘中，举国昏昏志不同。渔父笑君君亦笑，烟波相望各西东。"坚守清醒，有时还要忍受孤独，甚至还要付出代价，比如清醒的屈原，在面对日益衰弱的楚国时，不惧权贵，内举贤能，外修法度，然而最终却自唱"举世皆浊我独清，众人皆醉我独醒"，自沉汨罗江。从表面上看，是清醒诱发了个人的悲剧，然而那是对真理的不懈追求，是对国家的绝对忠诚，是人之所以为人的价值所在，必将被后人铭记，永垂不朽。

所以，保持清醒最重要的是养成一个正确的价值观，帮助我们明辨是非。青少年时期正是人生观、价值观形成的黄金时期。富兰克林说："读书使人充实，思考使人深邃，交谈使人清醒。"努力读一本好书，并与他人多交流，多探讨，在潜移默化之中，我们终会形成属于自己的正确的而又与众不同的价值观。

在迷蒙中，睁开眼，清醒的我们将会创造更加光明的未来。

笑看花开花落

王 枭

放眼世界，春去春又回，花落花又开，本属自然之理也。然而有人看见月缺花残却忍不住潸然泪下，此种做法实不可取。从古至今，多少心胸狭隘之人因放大痛苦而坠入万劫不复的深渊，亦有众多心胸豁达之士笑看花开花落而万古流芳。

其实，眼前的痛苦与不幸，本就是漫漫人生长路上微不足道的尘埃，过度的悲观颓废只会放大它们的阻碍作用，导致停步不前，抱憾终生。

南唐亡国后，李煜被俘，终日以泪洗面，深深陷入痛苦的深渊。"无限江山，别时容易见时难！""胭脂泪，留人醉。几时重？自是人生长恨水长东。"一首首悲情压抑之词压得他意志消沉，受困于内心的折磨，最终踏上了"流水落花春去也"的不归路，留下千古一叹！

纳兰性德，本是大清御前侍卫，出身名门，才华出众，人人歆羡。然而，爱妻卢氏的早亡，给他带来沉重的打击；文学挚友的聚散，让他更加悲观。"风一更，雪一更，聒碎乡心梦不成，故园无此声。"一片乌云遮月就看不到光明，悲观的生活态度让他身心疲惫，万念俱灰，而后抑郁成疾，英年早逝，令后人叹惋不已！

司马迁，为正义而言，却遭受了残酷的宫刑，受尽世人无情的冷眼。在身心遭受重创之时，他却没有意志消沉，忍辱负重，为"究天人之际，通古今之变，成一家之言"而殚精竭虑，以隐忍的心态和顽强的意志将痛苦化成动力。一部《史记》，让他获得华夏史坛巨匠的美誉，更让后人们永远铭记他的成就。

泰戈尔曾说："只有经历地狱般的磨炼，才能炼出创造天堂的力量；只有流过血的手指，才能弹出世间的绝唱。"忘记痛苦，是走向成功的第一步。"天将降大任于斯人也，必先苦其心志，劳其筋骨。"痛苦是一种不幸，亦是一笔财富，只要坦然视之，勇敢地接受，乐观地面对，就一定能走出阴霾，到达光明的彼岸。

断 舍 离

曾 涵

"从加法生活转向减法生活很重要,'断舍离'是一种生命的禅。"在一次谈及整理生活时,日本人山下英子如是说。

诚然,人的一生就仿佛背负着沉重的行囊跋涉,从某个层面上说,整理生活中的包袱与整理人生中的包袱是相同的,要想行得远看得多,就必须精简包袱,将"断舍离"贯彻到底。

"断舍离"的重点,就是明白自己心灵深处最真实的渴望。瓦尔登湖畔的梭罗就深谙这一道理。梭罗在短暂的一生中试图鼓励人们简化生活,不为繁纷复杂的世象所迷惑。他毅然舍弃了光鲜体面的工作,只携一把斧头来到瓦尔登湖畔。瓦尔登湖宁静安然,梭罗在那里自耕自种,自饮自食,过着一段原始简朴的生活。没有世俗的喧嚣,没有外物的纷扰,这是他理想中的生活,也是他一生中最幸福的时光。正是因为梭罗认准了这份渴望,毅然舍弃了多余的事物,才收获了这一方清澄。

"断舍离"能为人带来安宁,同时,它也是排除干扰,潜心专研必不可缺的法宝。正如英国作家毛姆所言:"日光不经透镜曲折,集于焦点,绝不能使物体燃烧。"将心思分散于他物,就无法达到至臻至善的境界。钱锺书一生专注学问,对于普林斯顿大学的高额聘请,他不为所动;对于读者的采访求见,他果断拒绝,他仿佛是名与利的绝缘体,树立起了中国学术界的标杆。试想,倘若他随大流去追名逐利,又如何有那么多著作问世?

只是，道理虽然简单，行动起来却十分困难。明明是负重易疲惫，放下一身轻，可又有多少人仍然拖着沉重的行囊在世艰难行走？或许是因为欲壑难填，或许是因为杞人忧天，或许是因为留恋过去……但不管是何种原因，"当断不断，反受其乱"，我们应当明白，历史长河中，我们仅仅是沧海一粟，一切琐碎的、多余的、迷人的事物，终究会随时光的流逝而消逝，我们又何苦让它们再加重我们负担呢？

愿人人皆晓"断舍离"之理，收获轻盈人生。

寻找你的波澜壮阔

张婷婷

曾经看过一部电影，名叫《编舟记》。电影中的男主人公松本为了编著一部辞书，耗尽了一生的时间。岁月让他的眼睛、他的记忆蒙上了一层雾，时光沧桑了他身边每一个人的容颜与心境。在他漫长的岁月中，生命中许多的人、事、物都变了，唯那一颗温恒之心历久弥新。

有多少东西能够逃离岁月的蹉跎？新生的嫩叶终会变得枯黄，再鲜活的生命也将面临死亡，生命中的一切悲喜苦乐都脆弱易损，所以纳兰容若才会生出"当时只道是寻常"的感慨。细细想来，似乎只有那一种浸透在温润恒久光辉中的心才可真正经受住时光的淘洗。

生命很长，一辈子却只能干一件事。

大海成就了康拉德，而康拉德又赋予了大海新的意义。看着那位伟大的海洋作家的肖像，看着他脸上布满的被海风削出的皱纹，看着他那双深邃如静海的眼睛，想象着那双眼睛目睹过的汹涌波涛，我总会心惊。是什么让一个人在海上漂泊数年而不返航，数十年光阴与远行的苦难堆叠着去侵蚀一个孤独的灵魂。在广阔到感受不到自己存在的海面上，康拉德完成了一部又一部作品。

他是带着使命去漂泊的，他承受着漫长而折磨人的孤独，只为去探索那比人类历史还古老的海洋，他的执念令人感动，他那深不见底的忧伤成了大海的一部分。从此以后看到海洋，听到海风悠远的呜咽，我总是想到康拉德，一个一辈子都在海上航行的海员。

松本，康拉德，我仿佛看到了他们生命的光辉，那光辉不耀眼，不灼人，却绝对恒久温润。他们驾着自己的一叶扁舟，在人世间的汪洋大海里波澜壮阔。

王小波说："似水流年才是一个人的一切，其余的全是片刻的欢愉和不幸，转眼间就已跑到了那似水流年里去了。"是啊，万事万物在时光面前都是那么不堪一击，生命的意义不就在那似水流年里吗？一瞬的决心或许能让如水时光生出一点儿波澜，但真正能让生命璀璨的，唯有对追求的坚持与专注。

人生很长，一辈子却只能做一件事。

不如驾一叶扁舟，去寻找自己的波澜壮阔。

没有人是一座孤岛

萧云天

人就像一个齿轮,无法完成自我转动,只有接受上一个齿轮的转动,生命的机器才会运转,从而产生能量,勃发生机,创造出人生价值的最大值。从这个意义上说,没有人是一座孤岛。

一个人,要想走向金字塔的顶端,须有"天时、地利、人和"等条件。俗语说"在家靠父母,出门靠朋友",古往今来,无不如此。项羽得亚父的辅助,志得意满,天下仿若已入囊中。当他听人挑拨,疏远了亚父后,只落得乌江自刎的结局。刘邦,一凡夫俗子,在韩信、张良的辅助下,却成就了千秋大业。

纵观古今,哪个成功人士没得到"高人"指点呢?刘邦说过:我打仗不如韩信,谋划不如张良……而项羽明明有亚父辅佐却弃之,实则愚也。的确,一个人不可能兼有莎士比亚的才华,孙子的谋略,亚里士多德的博识,但若拥有一个强大的后备团,就能助你成就事业,让你登上人生之巅。

人活在世上,不只是为了功名富贵与食欲声色,更多的是为了寻求心灵的满足和温暖。一个人如果总是低着头走路,忽略了身边的朋友,就会使心灵缺少阳光的照耀,丧失追求成功的外部条件,何谈强大的后备团?朋友或许不能让你成为百万富翁,不能让你成为人生赢家,但朋友能给你心灵以慰藉,给你人生征途上最需要的光和热,给你奋斗途中最坚强的精神支柱!这种感情不是简单的自我抚慰就能替代的,它来自于心与心的交换，真情与真情的传递。没有精神支柱的人如同行尸走肉，是谈不上毅力和决心的，因为他们找不到一个坚定而稳固的支点，来撬动通往成功路上的巨石。

有人说："在人生这条路上，你总要学会一个人面对所有的风风雨雨，否则是不会成熟的。"有人说："朋友是靠不住的，唯一能靠得住的只有自己。"对此，我不能也不会全盘否认，因为其中部分的确是事实。但请注意，这只是部分而非全部。确实，人总得学会独立面对挫折，但这并不妨碍与朋友一起迈步人生的大部分路途，常言道：朋友多了路好走！的确，朋友时有背叛，真情也会冷淡，但这也不妨碍我们对友情的执着追求。鲜花不会因为迟早会凋零，就不绽颜开放，人也不可因注定要老死就不努力拼搏。不可否认，现实的确残忍，挫折的确磨人，正因为此，我们更需要携手共进，并肩创造辉煌。

手拉手，心连心，就算朋友分手去，真情会冷淡，也不应畏惧，因为我们心中有追求，有似火不灭的热情，即使独自走过人生的漫长岁月，我们也不需担忧，因成功的欢乐已在终点为你守候。

没有人是一座孤岛，纵是孤岛也会渴求联通、交流，成就生命的一道独特风景。

勿忘初心，方得始终

宋闻峰

因为一句话、一次想念、一个拥抱、一袋糖果、一段爱恋，然后完成由悲到喜的蜕变。简单，却满足。我们都曾怀有这样纯粹的想法吧！可是很久以后呢？你再也记不得你某段生命里曾有过这样纯粹的简单。

我们慢慢长大，然后经历很多事，接着长成所谓的成熟模样。然后才发现，时光不只是教会我们如何独立、如何面对、如何坚强。慢慢成长到现在，有些东西和想法在光阴的渐变里变成了另一种模样，自己在时光的洪流中也显得形单影只。

很多时候，其实都只是一个人。一个人吃饭，一个人自习，一个人思考，一个人远足。从宿舍到教室，从食堂到图书馆，从校内到校外，从身外到心里，始终是一个人的旅行。一个人安稳，一个人随意。

曾经以为与那些看着或者伴着自己成长的人相分离是一件了不得的事，会痛哭流涕会要死要活，但，其实我们早已经习惯了那么多那么要好的人在不经意间就已远去。只是那种随之镂空的感觉却不能避免。虽然有些感伤，好在我们都曾参与过彼此的成长。

还是觉得人与人之间的交际只是一个点而已，分开之后，剩下的路还是要一个人走。

一个人成长总是会吃点儿苦头摔些跟头，总是会有些磕磕碰碰。虽然总是受伤，却不想让人看见；虽然外表看起来可以去杀牛，但心里是常常生病的。生病的时候，总是希望日子快点儿过，一睁眼病就全好了。可是醒来却发现不是自己所期待的样子，会发烧，会头痛，会全身都疼，可是眼泪落下来却往往不是因为这些。就如同很多莫名其妙的时刻，明明希望还在，梦想还在，坚持也还在，可总是会在某个瞬间，在时光的过往里颓废下来，没有原因，不能想到任何。

人，总是那么矛盾、那么纠结地活着。

不过我明白，心中有信仰和依靠的，便觉得心安。没有信仰和依靠的，只会感叹命运如何如何，到最后在别人看来也终不过是浅薄的无病呻吟。

生活并没有完全的绝望与颓败。一生之中，我们总是会遇到许许多多明明不喜欢不擅长不在意却又不得不做的事，但无论时光如何丢失，我们做着如何不甘的事，我们还是应铭记关于这青春的一切，这其中的刚与柔、喜与乐、舍与得，素心如玉。

他们都说过去是一条怅然而甜蜜的夜河，带着不能再踏入的遗憾流向往昔。此间理应铭记的，是一个人为一个人的过去坚持，为一个人的未来努力，要记得在生命无数的支流中，找寻着自己的主干，不忘初心，方得始终。

不管过去的我们如何懵懂迷惘，如何在起伏的人生路上跌跌撞撞，未来的路还很长，需要我们背起行囊，风雨兼程地一直走下去。

历尽云烟后归真

叶振标

往往，我们穿过荆棘密布的丛林，涉过暗流汹涌的河流，最终找到的珍宝，却是起点处一朵初开的野花。这朵花简单，质朴，没有什么修饰的成分。就像我最爱的布鞋，不见花哨却舒适合脚。

从襁褓中出来，母亲便给我套上小巧可爱的虎头布鞋。小镇的生活宁静安详，如镇旁河中的水，虽无任何味道，却清澈平缓，养育着镇上的人。翻看早已泛黄的相册，自己穿着布鞋在小镇的大街小巷中乱串的快乐似乎还依稀可寻。

为了使我接受更好的教育，父母带我来到了繁华的都市。这里的一切都是那么新奇，我，被置身其中的一块小小的地面上，用贪婪的目光看着这些闻所未闻的事物……

在城市中求学的十几年，布鞋早因"不好看"与"不适应柏油马路"而被我淘汰。我与同学们同样喜欢篮球，穿上高帮的球鞋在篮球场上用拙劣的球技追逐着欢笑着。再长大一些，对于运动的喜爱退去，追求cool的我踏上了"时尚"的滑板鞋。当和着重金属音乐打着节拍，迈开"炫动"的步伐秀起街舞时，周围的喝彩声、欢呼声，甚至口哨声都令我的虚荣心获得极大的满足。至于那些布鞋，统统只有在一旁吃灰的分了。

我在想，当年龄再增长一些，我会为了生活而奔波。年少轻狂什么的，也就一笑而过了。当衬衫的领口勒紧我的咽喉，笔挺的西服裤子束缚我的步伐，我只好套上皮鞋四处奔波……

在回忆与想象中，我不禁一个寒战。

我开始想念起布鞋，想起与布鞋一起生活的那段日子。我试图寻找着曾经，寻找着记忆深处的那朵花。纵使历尽千辛万苦后重逢的那朵花与起初的那朵花不一样，也能温存自己的日子。

丰子恺曾说："孩子的眼光是直线，不会转弯。"的确，当转弯时，我发现厚实的布鞋底能够取代生硬的皮跟，温暖柔软的布料能够取代冰冷磨脚的皮革，这个过程需要经历，需要呵护。

子在川上曰

陆楚颖

再次回到小园,静坐于河畔枸橘树下,在无边的空寂中,听流水汩汩,奔涌向前……

外公外婆还在时,小园并不寂寞。

年幼的我常站在矮凳上看外公专注地开药方,那一格格白色的药柜是神奇的百宝箱:原来夏天知了褪下的壳能治咳嗽喑哑,随风飞舞的蒲公英可清热解毒,爬满篱笆的美丽的金银花能通经活络,危害蔬菜的小小斑蝥却是抗肿瘤的良药……

而我最感兴趣的是河畔那棵"怪树"——枸橘,一冬徒留虬枝铁干的它,会在春天开出素淡的花、夏天结出青涩的果;秋风从小河掠过,藏不住枝头金黄的累累硕果。捡起一颗,细细嗅去,一股淡淡的中药味萦绕鼻尖。

外公有句口头禅,"大自然处处都是宝,田间地头常见中草药"。就拿枸橘来说,八九月果实未成熟时采摘,日晒夜露,至全部干燥,可以疏肝和胃、理气止痛;枸橘嫩叶煎汤代茶,可以祛风;就连那令人望而生畏的尖刺煎汁含之,也能缓解风虫牙痛。

"橘生淮南则为橘,生于淮北则为枳。"原来,这棵枸橘树真的是一种历经沧桑的顽强树种,趟过千年河流栽种到了我家,它以质朴却奇崛的姿态巍然屹立,以一袭清新的药香芬芳于世。

后来,有了母亲,粗通文墨的外婆和堂姑婆在外公的首肯与帮助下，将镇上的稚童集中到园里进行启蒙教育。闲暇之余，外公也会教这些蒙童写大字、念诗词。"子在川上曰：逝者如斯夫！不舍昼夜。""三更灯火五更鸡，正是男儿读书时；黑发不知勤学早，白首方悔读书迟。"……书声伴着药香，映红了外公外婆年轻的脸庞。

小河依旧奔腾不息，枸橘青了又黄……

遗憾的是，一袭书香与药香、朴素却清雅的外公在我七岁时离开了我们。我常陪着外婆流连于河畔，听流水潺湲，不舍昼夜；而斯人已逝，唯有枸橘铁枝虬干依然。深秋来临，老柳树细长的叶片打着旋儿流向了远方，我提着篮，帮助外婆捡拾掉落草丛的小小枸橘，那明亮的橙黄，似燃烧的火焰，让人心生暖意。外婆会将它们切片晒干，送给需要的左邻右舍。外婆专注地工作着，眼眸流转的刹那，总给我莫名的力量。

毫不起眼的枸橘树，饱经风雨屹然挺立。那种承载不住的历史沧桑，能让人想起被剥蚀的古殿檐台、颓败散落的玉砌雕阑，这期间该蕴藏着多少绚烂迷离的梦啊。会有从远古走来的晏子朴素睿智的身影吗？会有李时珍身背药篓、遍布山野的足迹吗？会有外公清癯却仁爱坚毅的面容吗？嗅着枸橘清淡的药香，我的嘴角不觉扬起了温暖的弧度。

潺湲的河水奔流不息，河畔高高的山冈上，长眠着我敬爱的外公。在那儿，奔腾的河水会徘徊、缠绵片刻，然后继续着它的使命，最终奔入长江，汇入大海，生生不息……

熟悉的地方最是风景

贺一彬

余秋雨说过:"驻足高峰,上已无路,下又艰难,感受到前所未有的孤独与惶恐,世间真正温煦的阳光和美色,都熨帖着大地,潜伏在深谷。"曾经熟谙的每一条小溪,每一朵云彩,都是路途中不可缺少的美。

夜风透过纱窗吹进这个不大不小的屋子,月光投下的白幕依然清晰地铺满房间,我迟迟不能入睡,起身,冥想,最终还是打开了窗。吹着潮湿的晚风,回想起熟悉的地方。

熟悉的老街。不知陪伴了我多少个春夏秋冬的老街,看着我从幼儿园读到初中,最后默默地看着我离开到更远的地方去学习。记忆中的老街总是那么干净整洁,两旁的梧桐树总是沙沙作响,洋溢着永不退去的朝气。熟悉的老街通向许多地方,早早晚晚,川流不息。可我总爱在去留的途中端详这条老街,熟悉的灯盏安静地站立在老地方,有时还会有雨水打在老街的身上,我就会静静聆听夜晚中它沉重的呼吸。无数个日夜,老街陪我走了又走,停了又停,最是那谙熟的每寸土地,让我难以释怀。

熟悉的清潭。小时候的我对你是敬畏的吧,从小听说你的身体里有专吃不听话小孩儿的巨龙,觉得你很可怕,可我却总爱在远处调皮地望着你。还记得第一次和小伙伴们一起悄悄靠近你的感觉,光着脚丫第一次碰你时带给我深入骨髓的清凉。现在的我慢慢长大,已经读懂你于日月山川中不变的灵魂和心境，第一次用生命与你面对面对话。你在苍老，而我却在成长。我熟悉你每一条溪流和弥漫在空气中的水汽，最是熟悉，让我无法忘怀。

而当我打开窗户看着这个陌生的城市，看见一颗颗被钢筋混凝土所包围的心脏，听到不远处传来工厂的轰轰作响声，闻着潮湿空气中夹杂着泥土腐烂和城市味道时，我才会在月光中追寻你的身影，在空中构想你的风骨，于每一寸呼吸中吐纳你熟悉的味道。两年前为了学习，被迫离开了你，可到现在内心依然不能够平静，每次想到你，心中都有不可言说的悲苦与难舍。我想就算台北的雨再怎么好看，也不如这屋檐下的雨来得宁静和安详吧。

走，跟我一起回到故乡，熟悉的地方最是风景。